Sylvia Defior, José Ramón Gallardo y Rolando Ortúzar

APRENDIENDO A LEER: MATERIALES DE APOYO
NIVEL 1

EDICIONES
A L J I B E

COLECCIÓN CUADERNOS DE REFUERZO Y APOYO

5ª edición: 2017

© Sylvia Defior, José Ramón Gallardo y Rolando Ortúzar
© Ediciones Aljibe, S.L.
 Tlf.: 952 71 43 95
 Fax: 952 71 43 42
 C/ Canteros, 3-7 - 29300-Archidona (Málaga)
 e-mail: aljibe@edicionesaljibe.com
 www.edicionesaljibe.com

I.S.B.N.: 978-84-9700-196-0 (Obra completa)
I.S.B.N.: 978-84-9700-197-7 (Nivel 1)
Depósito legal: MA-101-2004

Cubierta y maquetación: Ediciones Aljibe
Ilustraciones cubierta: © Olga1818, Flas100/Shutterstock.com

Imprime: Imagraf. Málaga.

Queda prohibida, salvo excepción prevista en la ley, cualquier forma de reproducción, distribución, comunicación pública y transformación de esta obra sin contar con autorización de los titulares de propiedad intelectual. La infracción de los derechos mencionados puede ser constitutiva de delito contra la propiedad intelectual (arts. 270 y sgts. Código Penal). El Centro Español de Derechos Reprográficos (www.cedro.org) vela por el respeto de los citados derechos.

PRESENTACIÓN

En las últimas décadas, el estudio de los procesos implicados en la lectura ha llevado a concebirla como, básicamente, una habilidad psicolingüística. Es decir, aún cuando su punto de partida es un estímulo visual, los procesos que se aplican para lograr la comprensión del mensaje escrito son, fundamentalmente, de naturaleza psicolingüística. Así, se reconoce en el propio Diseño Curricular Base (DCB) que, en sus indicaciones sobre el área de lenguaje, tanto en Educación Infantil como en Primaria, pone un énfasis particular en los aspectos lingüísticos para la enseñanza de la habilidad lectoescritora. En este sentido, al hablar de la intervención educativa respecto a las dificultades lectoras establece:

"Tradicionalmente se ha puesto el acento en la falta de madurez para la lectura en las capacidades previas y, especialmente, en las de tipo perceptivo-motor. Esto ha dado lugar a una intervención sesgada, en la que se han olvidado aspectos tan fundamentales como el lenguaje oral y el propio proceso lector" (pp. 429-430, Etapa Primaria).

Esta nueva concepción de la lectura podemos observarla también en la definición de lo que es un buen lector/a:

"es el que es capaz de segmentar, capaz de llegar a la representación de los fonemas y a comprender el mensaje escrito" (p. 430, Educación Primaria).

En el mercado existen materiales didácticos para enseñar a leer, en forma de las tradicionales cartillas o con métodos más recientes y atractivos para los niños. Además, encontramos materiales dedicados a corregir, apoyar o reforzar el aprendizaje en caso de dificultades lectoras o dislexia. Muchos de ellos carecen de una fundamentación teórica o están anclados en concepciones de la lectura ya desfasadas, que ignoran lo que la investigación ha ido aportando a lo largo de estos últimos años, algo que, sin embargo, la letra y el espíritu de la reforma educativa recogen. No obstante, recientemente están apareciendo algunos materiales que evitan estas carencias. Por otra parte, existe una crítica generalizada al alejamiento que se da entre el mundo de la teoría (investigación educativa) y el de la práctica (actividades en los centros escolares). Por estos motivos, nos propusimos unir el esfuerzo de profesionales procedentes de ambos mundos (en nuestro caso un maestro, un logopeda y un investigador) para elaborar unos materiales curriculares que, tanto en su fundamentación como en el procedimiento seguido para elaborar las actividades, reuniesen el conocimiento científico junto al de la experiencia.

El trabajo que presentamos es fruto del intento de diseñar una serie de tareas que apoyen la adquisición de la lectura, basándonos en los resultados de la investigación sobre las subhabilidades subyacentes al aprendizaje de esta habilidad. Igualmente, nace de la consideración de la necesidad que tienen los maestros de una gran variedad de materiales que se adecuen a las características diferenciales de los alumnos y que permitan atender sus diferentes ritmos de aprendizaje. Al mismo tiempo, la disponibilidad de materiales de este tipo significa un enriquecimiento de los recursos del aula que permitirá liberar en parte a los maestros de los cursos iniciales de enseñanza de la lectura de las demandas constantes de atención por parte del alumnado. En la idea de fomentar al autonomía del niño, las instrucciones se presentan de modo que el niño pueda comprender por sí mismo el objetivo de la tarea que se le presenta y realizarla con un mínimo de indicaciones, como veremos más adelante.

Por último, queremos resaltar otra posible función de los materiales que presentamos, dada la novedad de alguna de las actividades, como es el poder servir de guía al profesorado para el diseño de otras semejantes variando los estímulos, ya que prácticamente no hay actividades repetidas en este material.

Objetivos

La finalidad que tienen estas fichas es proporcionar a los niños unos ejercicios de práctica adicional al proceso de enseñanza-aprendizaje que siguen tanto en sus clases ordinarias como especiales para adquirir la habilidad lectora. Por otra parte, ofrecer a los adultos (profesores, padres) unos materiales que les faciliten atender las necesidades particulares de cada niño. Es decir, se trata de un material de apoyo, no de un método de enseñanza. Por lo tanto, presupone que los niños ya han sido introducidos a la lectura y al aprendizaje de las reglas de correspondencia entre grafemas y fonemas (letras y sonidos).

Desde un punto de vista motivacional, se persigue que la adquisición de la lectura sea favorecida mediante la realización de ejercicios variados, motivadores y autoexplicativos (fácilmente comprensibles y autoevaluables en gran medida), que permitan un alto grado de autonomía del niño respecto del adulto que supervisa su práctica.

Características generales

El material se ha estructurado en dos niveles de dificultad: nivel 1 y nivel 2, con cuatro grandes bloques de contenido en cada uno de ellos. Los bloques se refieren a aquellos aspectos de la lectura cuya importancia ha sido puesta de relieve en estos últimos años y que abarcan desde los perceptivos, a los que damos menos peso, hasta los componentes fonológicos, muy importantes en las fases iniciales de adquisición, pasando por los elementos sintácticos y semánticos, que dan su sentido a esta habilidad.

Los cuatro grandes aspectos que se trabajan son:

1. Habilidades perceptivo-visuales. Aunque el análisis perceptivo de los elementos visuales no presenta, en general, dificultad para los niños, lo hemos incluido porque en su inicio la lectura implica siempre un proceso perceptivo visual y porque existen algunos casos de niños con dificultades a este nivel.
2. Habilidades fonológicas. Se trata de que el niño llegue a captar y a manipular los segmentos en que puede dividirse el lenguaje. Se incluyen tanto habilidades de síntesis o de combinación de unidades lingüísticas, como de análisis de los elementos que componen el lenguaje o capacidades de segmentación, que juegan un papel clave en los procesos de adquisición de la lectura y de la escritura.
3. Habilidades morfosintácticas. Se trata de que el niño llegue a captar y manipular los elementos que dan significación a las palabras o frases, por pequeñas que sean las variaciones gramaticales o sintácticas presentes.
4. Habilidades semánticas. Se refiere a la captación e integración del significado de la información que proporcionan los símbolos escritos; es un componente muy complejo y en él intervienen múltiples factores.

El aspecto fonológico juega un papel muy importante en la fase inicial de adquisición de la lectura de un sistema alfabético y por ello tiene una presencia especial en esta propuesta de trabajo. Aparece en sus dos componentes, el analítico y el sintético. El propio DCB pone de relieve su importancia, al recomendar explícitamente que se dedique atención a esta habilidades:

"Las actividades se basarán en distintos tipos de manipulación de los textos y de unidades más pequeñas, como por ejemplo: la comparación de unidades (con el mismo significado o la misma forma), cambio de orden, sustitución de unos elementos por otros, ampliación y supresión en determinados elementos, segmentación y recomposición a partir de los elementos resultantes de la segmentación, clasificación, etc." (p. 311, Educación Primaria).

Al elaborar los materiales se han tenido en cuenta una serie de factores y criterios para graduar la dificultad, tanto dentro de cada bloque como entre el primero y el segundo nivel: frecuencia léxica de las palabras (se seleccionaron de un diccionario de frecuencias en la edad escolar), longitud de las palabras y de las frases, complejidad de la estructura silábica, orden de presentación de las unidades lingüísticas, tipo de letra, insistencia en las relaciones grafema/fonema no biunívocas en el segundo nivel, uso de dibujos, etc.

¿Quiénes pueden utilizar los cuadernos?

Como tales materiales de apoyo están indicados para:
- Los primeros cursos de Educación Primaria, como material obligatorio o como trabajo alternativo una vez que los niños han terminado sus tareas obligatorias.
- Los últimos niveles de Educación Infantil.
- Los niños con necesidades educativas especiales.
- En general, para niños con retraso lector o dislexia.

Pueden ser utilizados por los profesores en las aulas ordinarias o en las aulas especiales o por las familias como un sistema para apoyar el proceso de aprendizaje que llevan a cabo sus hijos en el colegio.

Modo de utilización

Las actividades se presentan en dos cuadernos –uno de nivel elemental y otro avanzado–. Cada uno de ellos contiene los cuatro bloques señalados anteriormente. Dentro de cada bloque, las actividades están ordenadas en función de su grado de dificultad.

La utilización del material puede ser diversa: pueden realizarse todas las actividades de un aspecto, a modo de un tratamiento intensivo si se detecta que es particularmente deficitario en un niño, o ir avanzando en la realización de las fichas pertenecientes a cada aspecto de modo simultáneo.

Respecto al cuando utilizarlas, puede hacerse desde la iniciación a la lectura en la etapa infantil, ya que muchas de ellas son orales. A lo largo de la jornada escolar pueden trabajarse antes o durante las sesiones de lectura, en los talleres de lectura, mientras el profesor trabaja directamente con un grupo, o como material de ampliación cuando un niño termina antes su trabajo.

Es importante que siempre y en primer lugar se estimule el lenguaje oral, así como que el profesor o los padres hagan que el niño reflexione y vea el valor y la utilidad, de cada uno de estos aspectos, haciendo explícitas las razones que hacen necesarias estas actividades. Es decir, se debe intentar proporcionar al niño el componente metalingüístico que le facilite la transferencia desde su uso de las estructuras lingüísticas a un conocimiento explícito, tal como se indica en el DCB

"el aprendizaje de la lectura y de la escritura significa aprender a usar de forma nueva los recursos lingüísticos que han sido desarrollados escuchando y hablando" (p. 429, Etapa Primaria).

En cada bloque las fichas se dirigen a la mejora de un mismo proceso aunque con tareas diferentes, de modo que los niños puedan aplicar esos procesos en situaciones variadas que permitan luego una adecuada generalización a nuevas situaciones y, a la vez, mantener su interés y motivación. Igualmente, en función de la habilidad o dificultad que presente un niño determinado, se pueden diseñar actividades semejantes, variando los estímulos, puesto que no hay actividades. Por otro lado, se ha demostrado que el uso de elementos concretos facilita el aprendizaje de los niños. En ese sentido, para algunas de las actividades propuestas pueden utilizarse o confeccionarse materiales complementarios que ayuden al niño en la realización de la tarea (por ejemplo, usar fichas de colores, las letras del abecedario para los ejercicios de combinación de letras para formar una palabra, etiquetas con palabras para formar frases, etc.).

La realización de las fichas, además de desarrollar los procesos subyacentes a la lectura, implican ejercitar la observación, la atención, la discriminación, el análisis, la reflexión, la elección de estrategias, etc. Cada tarea se presenta en un lenguaje adaptado al niño. Las instrucciones se presentan en cada actividad acompañadas de un signo pictográfico, de modo que los niños puedan interpretar por sí mismos o con muy poca ayuda qué es lo que tienen que hacer. Igualmente, para favorecer la autonomía de los niños en su ejecución, se presenta un modelo al inicio de cada ficha, a modo de ejemplo. Las actividades concretas que tienen que llevar a cabo los niños se reducen a seis tipos:

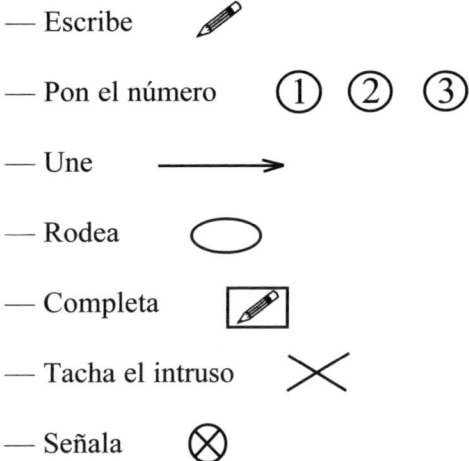

Consideraciones finales

Terminaremos señalando algo que es obvio: la adscripción de las fichas a uno u otro bloque conlleva una cierta dosis de arbitrariedad, ya que es muy difícil separar en la práctica los procesos subyacentes a la lectura, que son simultáneos; por ejemplo, algunas de las fichas incluidas en el bloque sintáctico podrían también incluirse en el dedicado a la semántica puesto que el procesamiento sintáctico contribuye a la comprensión. Simplemente, la división en los cuatro bloques quiere subrayar el hecho de que se pretende trabajar uno de ellos fundamentalmente, sin que se puedan evitar los solapamientos entre uno y otro.

Con el uso de estos materiales creemos que los niños tendrán la ocasión de realizar ejercicios sistemáticos de apoyo al aprendizaje de la lectura, que son absolutamente necesarios aunque la lectura no pueda reducirse a ellos. Si bien leer es comprender, es necesario dominar la combinatoria de los signos gráficos respecto al lenguaje oral con el que se corresponden. Esperamos que estas fichas contribuyan a la mejora de ambas cosas.

Aquellos interesados en SABER MÁS sobre los procesos lectores pueden consultar:

Defior Citoler, S. y Ortúzar, R. (1993a): La lectura y la escritura: Procesos y dificultades en su adquisición. En Bautista, R. (Ed.): *Necesidades educativas especiales. Segunda edición actualizada,* pp. 113-138. Málaga: Aljibe.

Defior Citoler, S. y Ortúzar, R. (1993b): La lectura: Evaluación e intervención educativa. En Bautista, R. (Ed.): *Necesidades educativas especiales. Segunda edición actualizada*, pp. 139-160. Málaga: Aljibe.

Defior, S. y Ortúzar, R. (1993c): Alteraciones del lenguaje escrito. En Gallardo, J. R. y Gallego, J. L. (Eds.): *Manual de logopedia escolar. Un enfoque práctico,* pp. 333-374. Málaga: Aljibe.

Rodea ⬭ 1ª

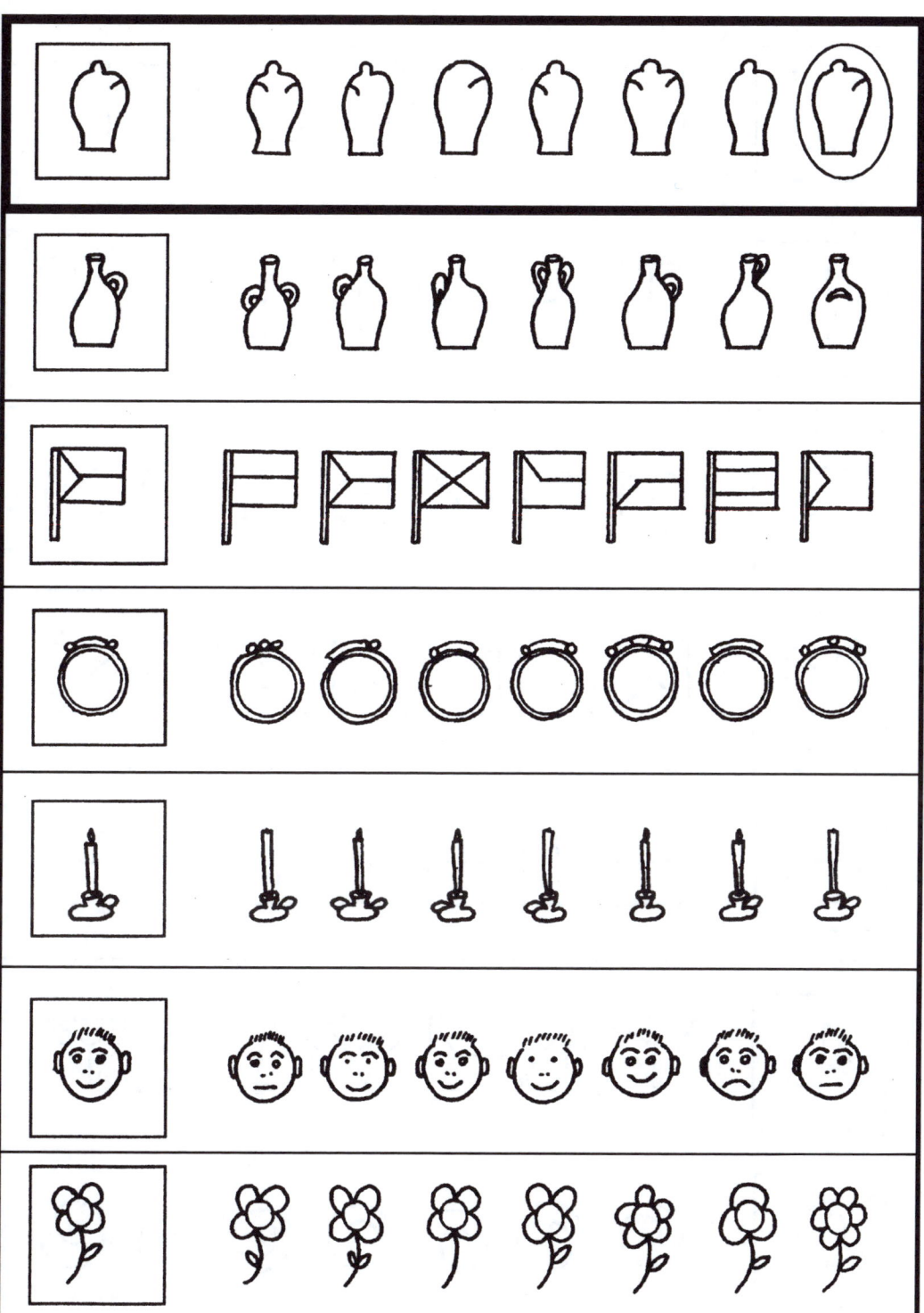

I. Aspecto perceptivo visual

Rodea ⬭ 2ª

I. Aspecto perceptivo visual

Rodea

3ª

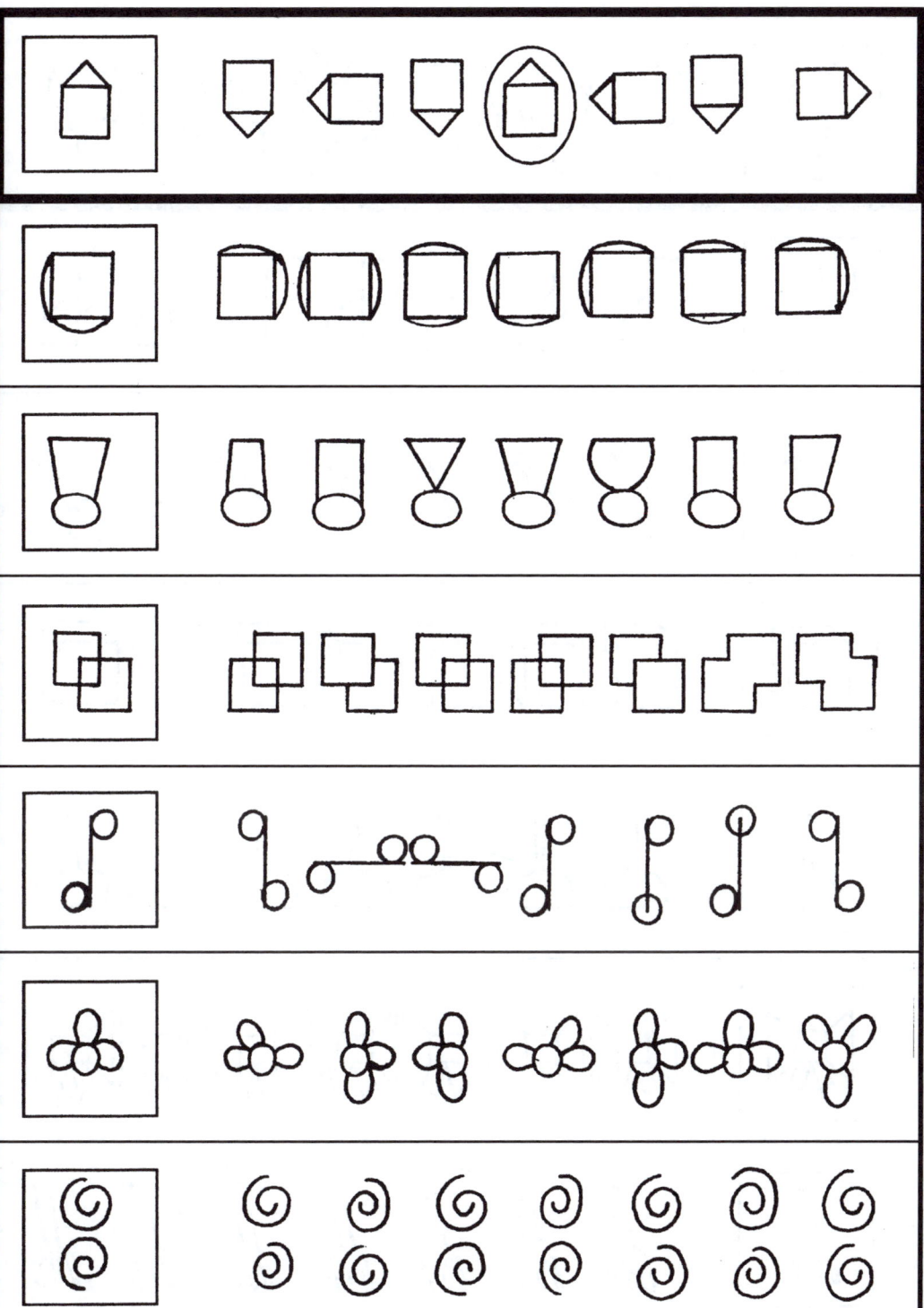

I. Aspecto perceptivo visual

Tacha ✗

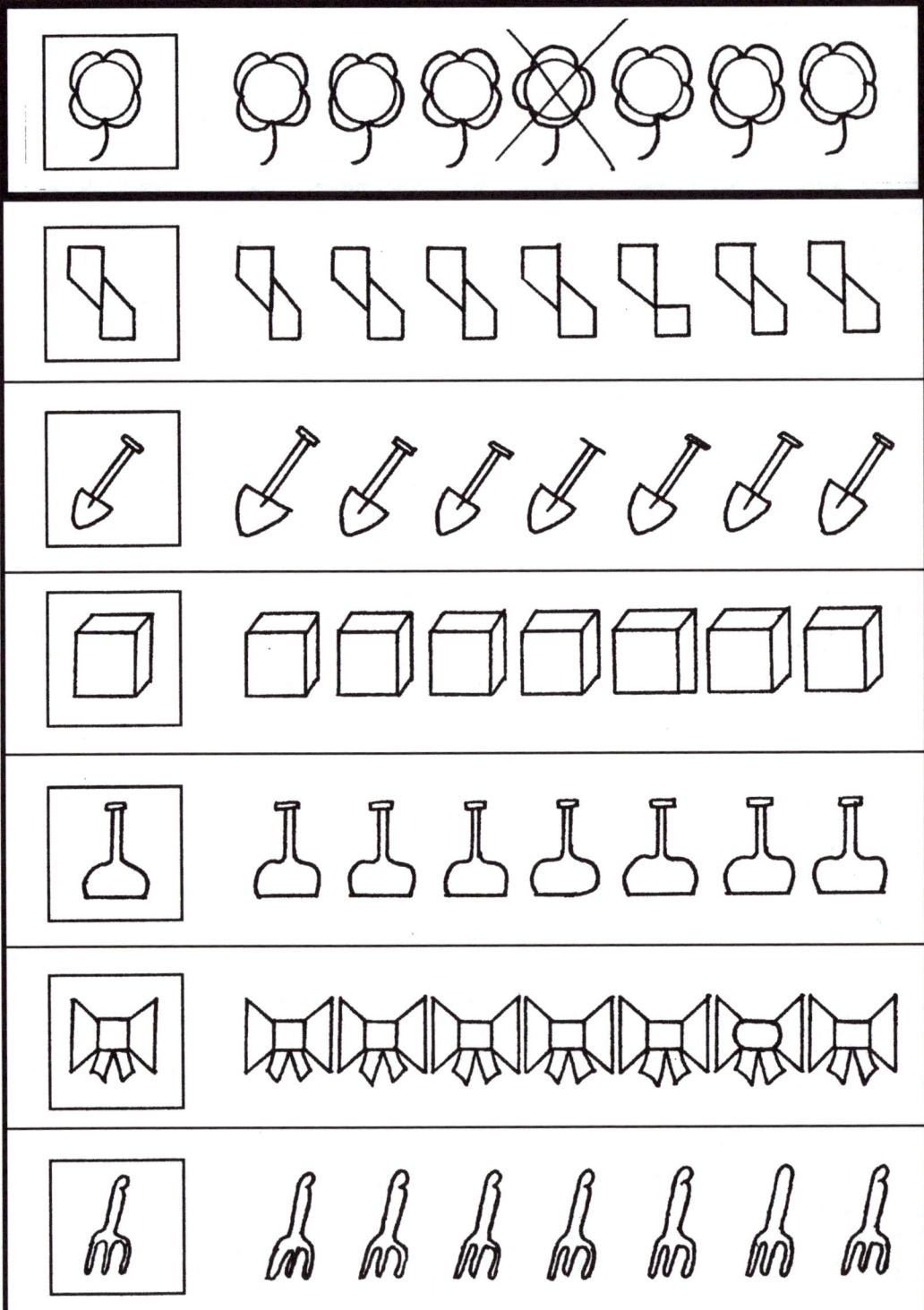

I. Aspecto perceptivo visual

Tacha ✕ 5ª

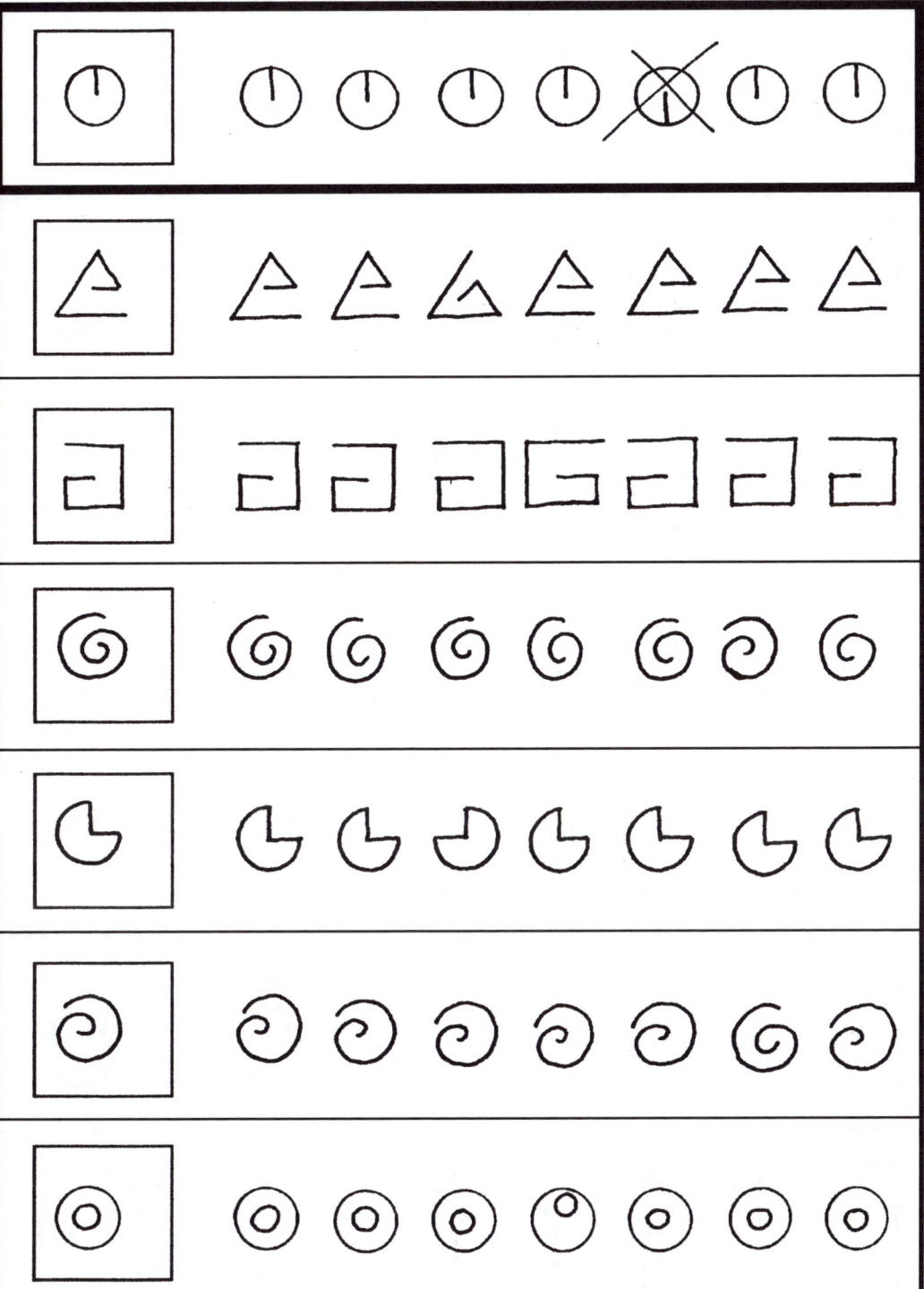

I. Aspecto perceptivo visual

Tacha ✗ 6ª

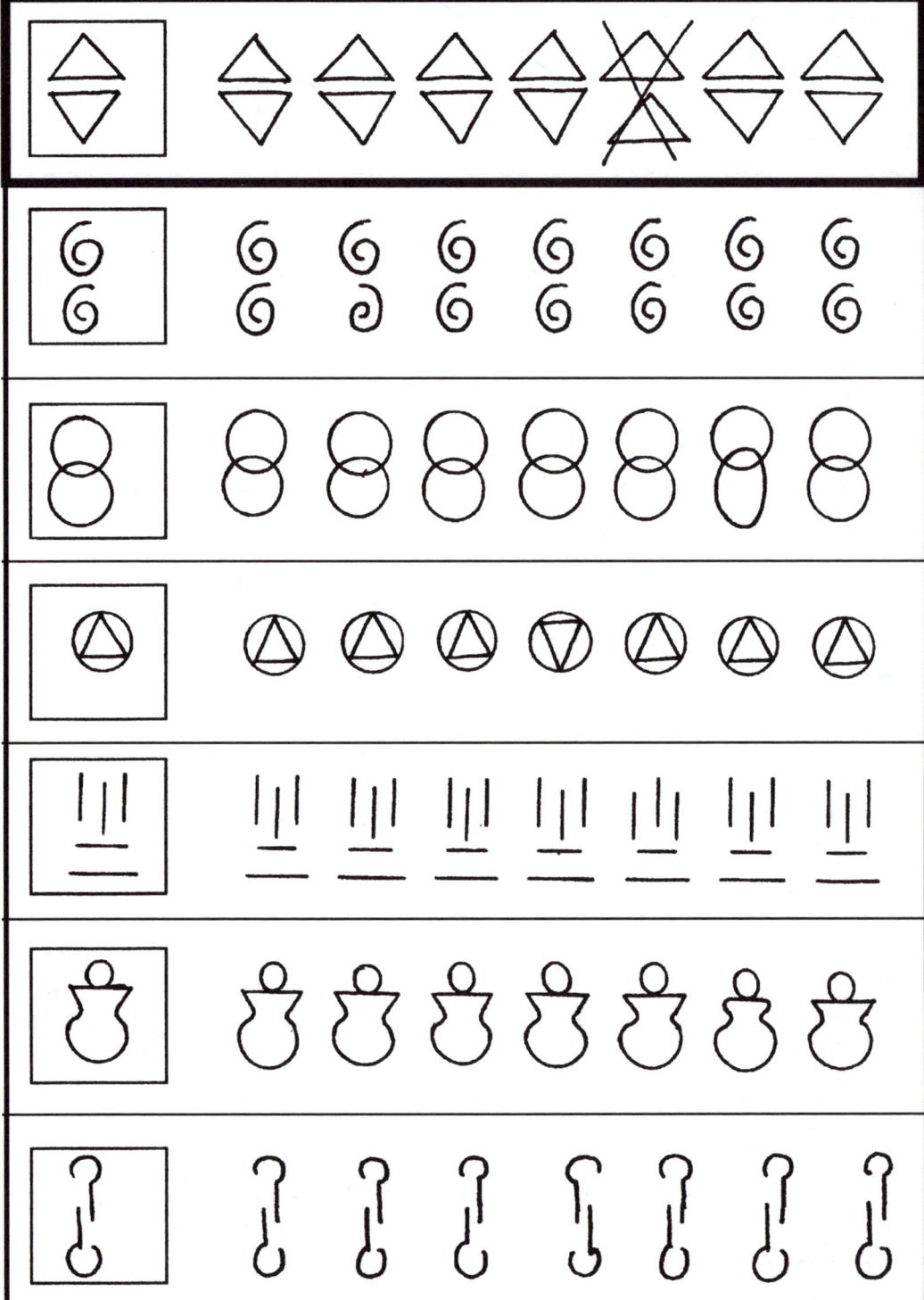

I. Aspecto perceptivo visual

Rodea ⬭ 7ª

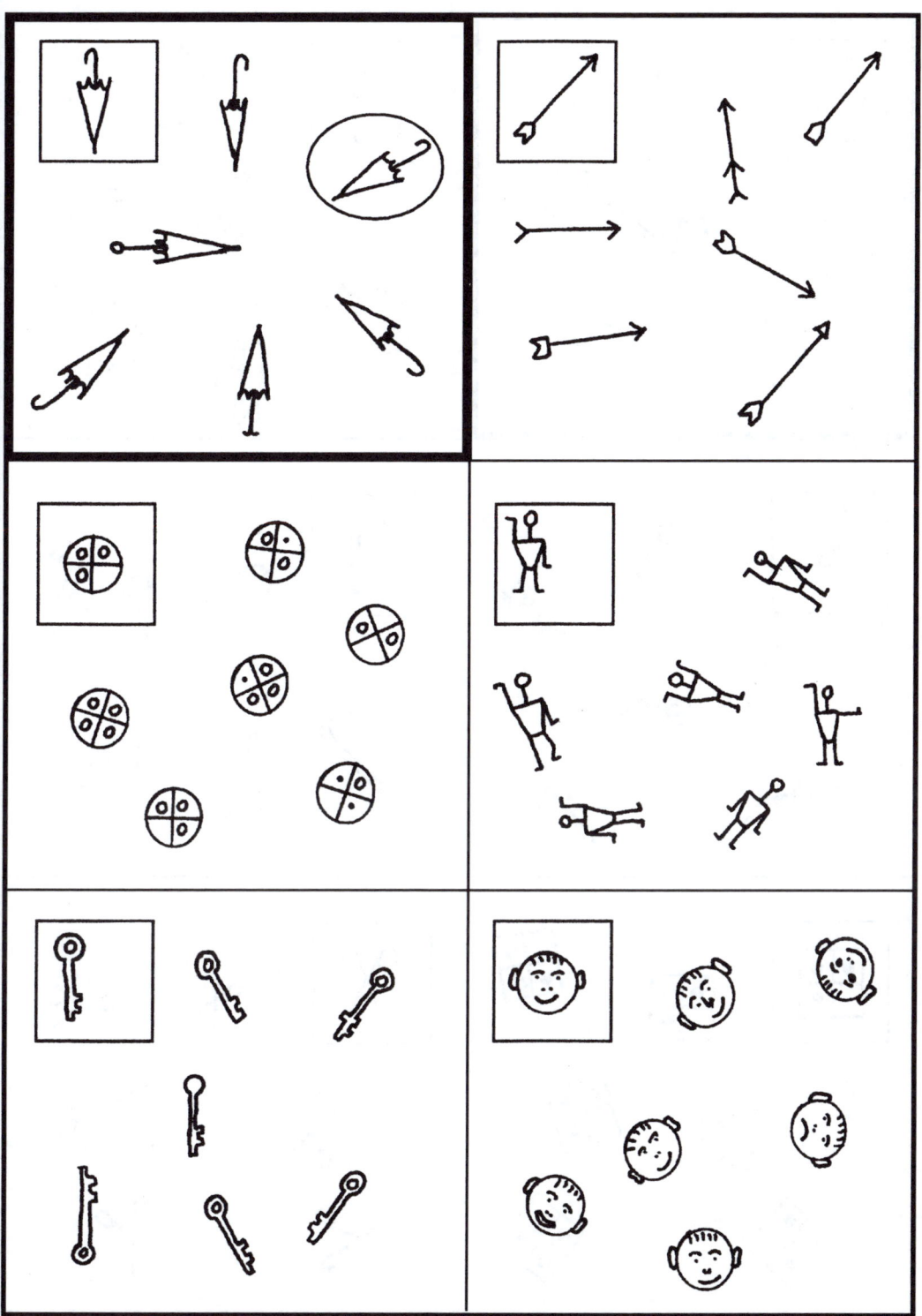

I. Aspecto perceptivo visual

Tacha ✗ 8ª

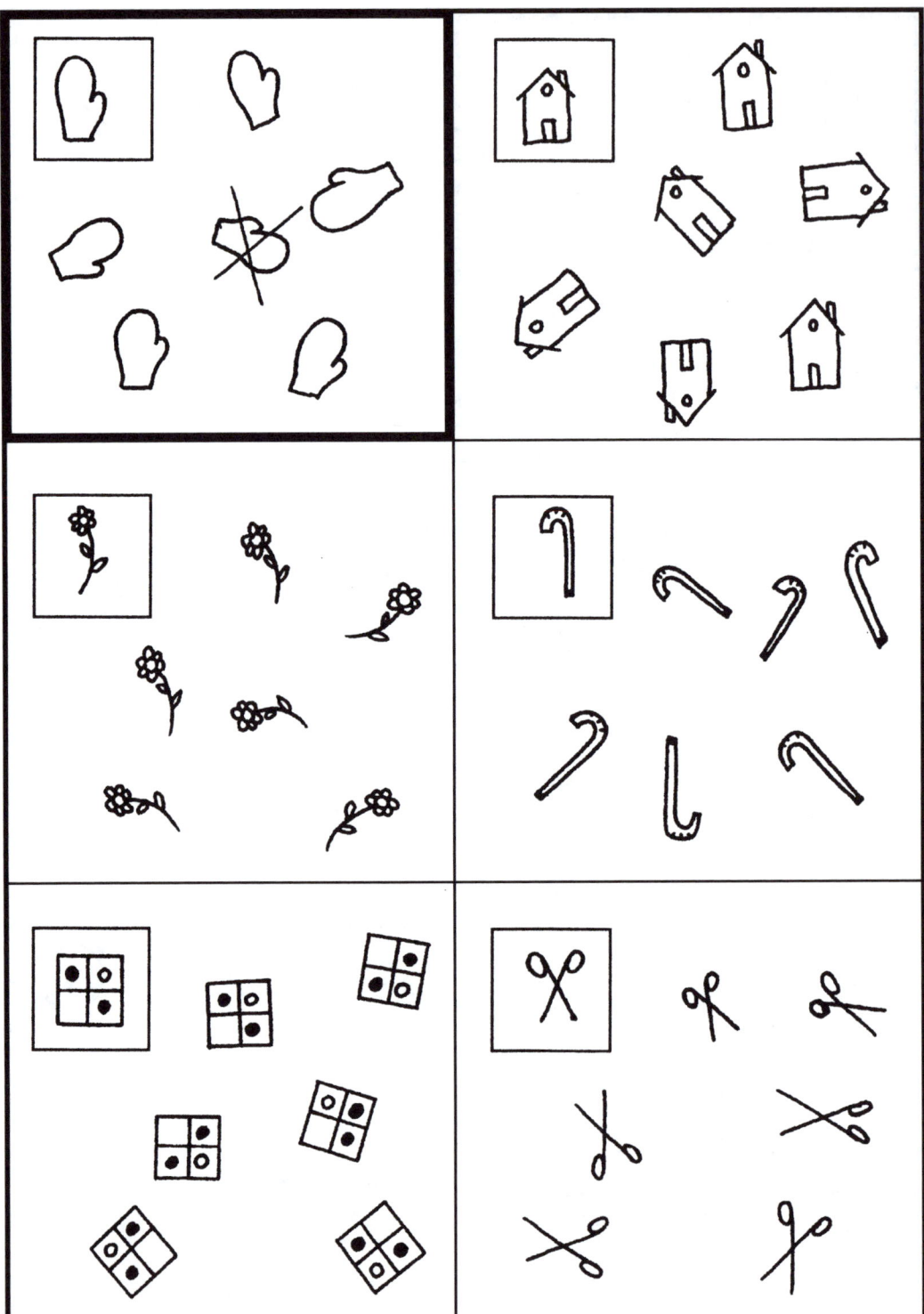

16 I. Aspecto perceptivo visual

Rodea ⬭ 9ª

p	b	d	q	d	q	(p)	d	b
n	u	m	u	w	n	u	m	u
b	d	p	h	b	d	p	d	q
u	m	n	v	m	n	w	u	n
q	p	d	b	p	q	p	d	b
d	b	b	b	d	b	b	p	q
j	i	l	f	j	g	y	l	f
a	e	e	o	n	a	u	e	s

I. Aspecto perceptivo visual

Tacha ✗   10ª

[e]	e e e e e ✗a e e
[u]	u u u u u u n u
[b]	b b d b b b b b
[m]	m m m n m m m m
[d]	d d d d d b d d
[p]	p p p p p p q p
[q]	q q q q p q q q
[s]	s s s z s s s s

I. Aspecto perceptivo visual

Rodea ⭕   11ª

mu	nu	un	um	(mu)	um	nu
eb	ed	be	ep	ed	eb	be
us	uz	su	ns	us	ns	uz
mn	nm	um	mu	un	mn	nn
pq	pp	bp	pb	pd	pq	qd
db	bd	dp	db	bd	pb	qd
up	pu	uq	nq	pu	np	up
bj	bi	bf	bg	bl	bj	dj

I. Aspecto perceptivo visual

Tacha ✗ 12ª

mu	mu	mu	mu	m̽u̽	mu	mu
pq	pq	pq	pq	pq	pp	pq
dp	dp	dp	bq	dp	dp	dp
bq	bq	bp	bq	bq	bq	bq
db	db	db	db	db	db	dd
un	un	un	nu	un	un	un
sz	sz	sz	sz	ss	sz	sz
ea	ea	ea	ea	ea	ee	ea

I. Aspecto perceptivo visual

Rodea 13ª

pal	pel	pla	gla	pat	(pal)
nos	nes	ues	nos	noz	son
gla	gal	gle	gla	gta	pla
tor	lor	ton	for	tor	tro
dru	bru	drn	dru	dra	bru
vez	voz	ves	vaz	vez	ven
rey	ney	reg	rey	ray	yer
pan	pan	pau	qan	pon	ban

I. Aspecto perceptivo visual

Tacha ✗

pla	pla	pla	pla	p̶a̶l̶	pla
bel	bel	bel	bal	bel	bel
gra	gra	gra	gna	gra	gra
dal	dal	bal	dal	dal	dal
blo	blo	blo	blo	blo	bto
bre	bre	bre	dre	bre	bre
gel	gel	gal	gel	gel	gel
dar	dan	dar	dar	dar	dar

I. Aspecto perceptivo visual

Rodea ◯ 15ª

| mar | man | mer | nar | (mar) | mas |

| luz | lus | tuz | luz | lnz | lzu |

| pez | pes | paz | qez | bez | pez |

| don | dan | dou | don | bon | bou |

| tren | tnen | tren | lren | trer |

| cruz | cnuz | crus | cruz | crnz |

| dios | dioz | dias | bios | dios |

| bloc | blac | dloc | bloc | btoc |

I. Aspecto perceptivo visual

Tacha ✗   16ª

muy	muy	muy	~~muy~~	muy	muy
ser	ser	ser	ser	zer	ser
con	con	cou	con	con	con
por	por	por	qor	por	por
dar	dar	dar	dar	bar	dar
sol	sol	los	sol	sol	sol
flor	flor	flor	folr	flor	
seis	seis	seis	sies	seis	

I. Aspecto perceptivo visual

Rodea ◯ 17ª

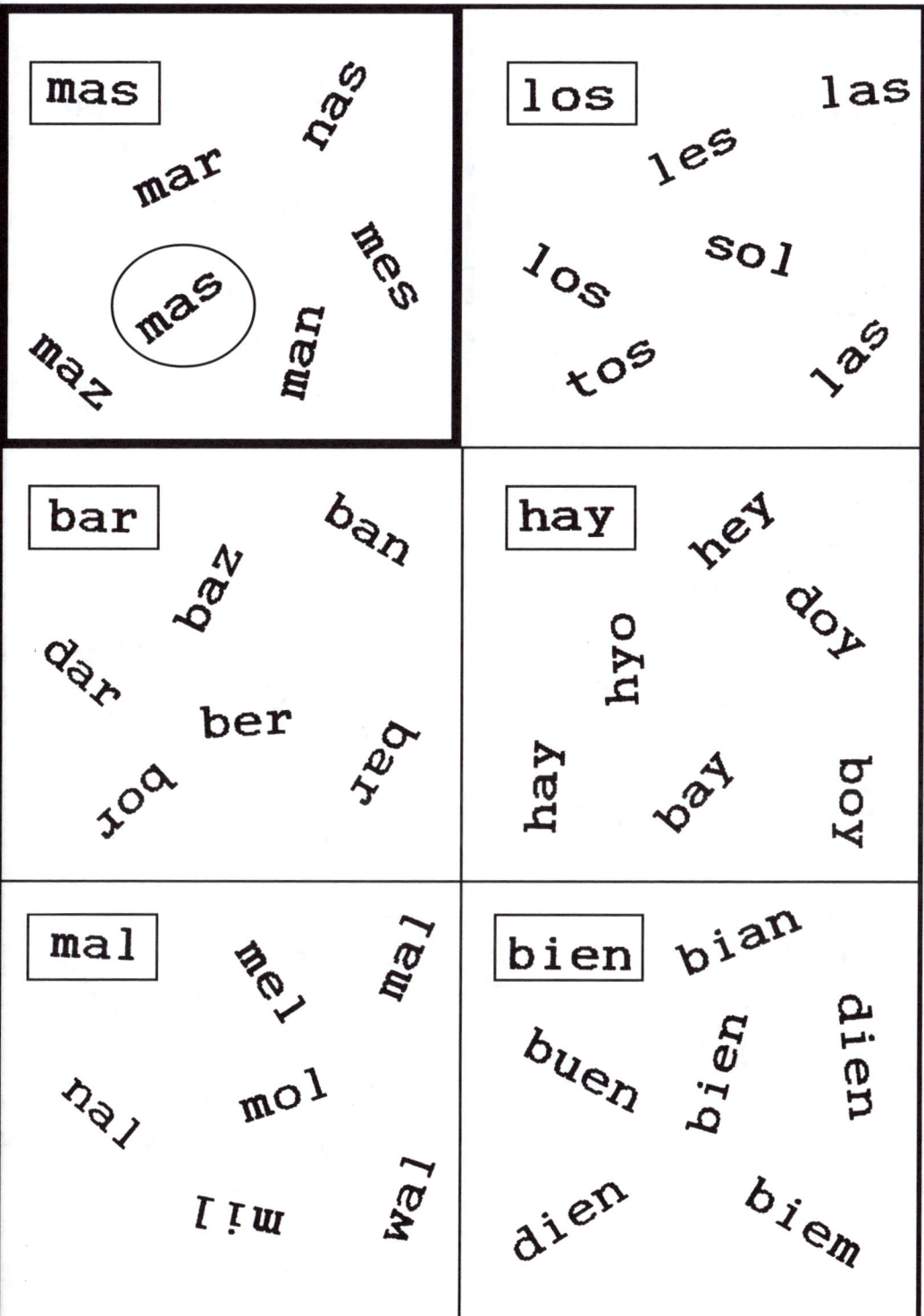

I. Aspecto perceptivo visual

Tacha × 18ª

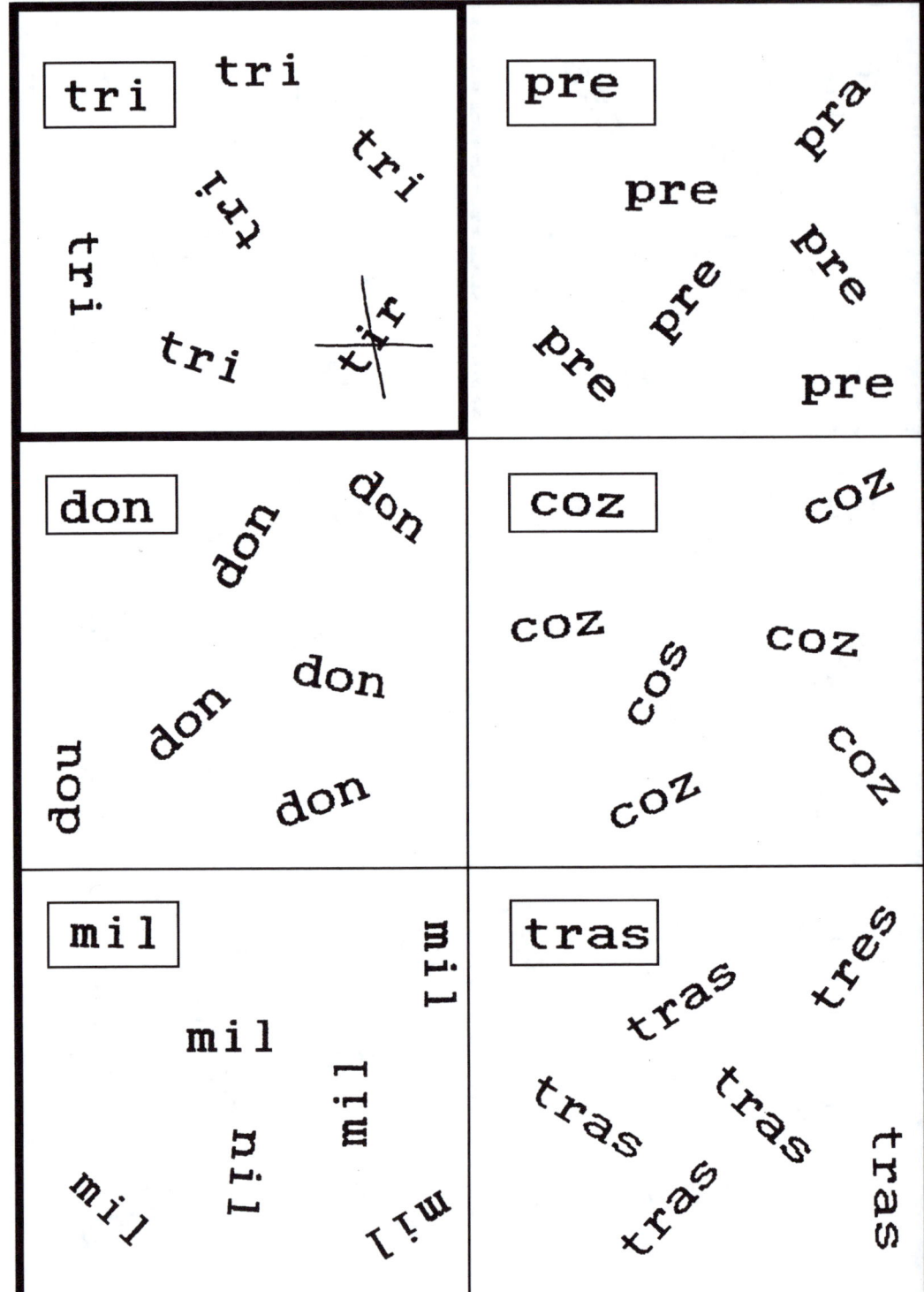

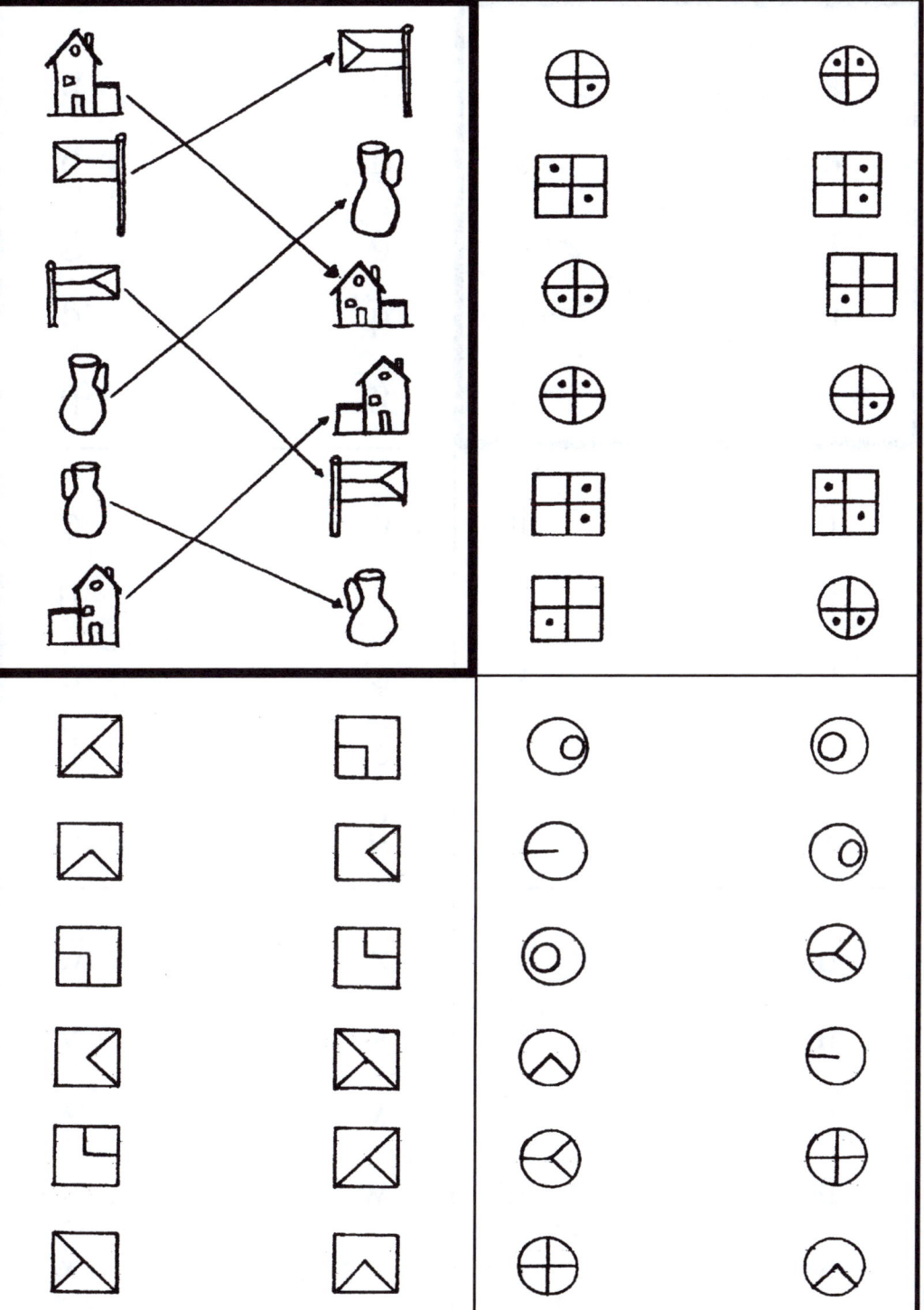

Une ⟶

a → e		b	p
e → a		d	b
j → i		p	g
u → j		q	d
i → u		g	p
f	h	c	ç
j	g	l	ll
h	f	ç	c
y	j	ch	l
g	y	ll	ch
m	n	z	w
n	ñ	s	v
r	u	x	z
ñ	m	w	s
u	r	v	x

Une ⟶

en	is	ab	lb
uv	pa	qu	bl
is	en	lb	ab
de	uv	ba	qu
pa	de	bl	ba
me	ne	fr	rj
am	un	rj	fj
ne	me	fj	ha
an	am	jf	fr
un	an	ha	jf
sa	as	de	de
za	sa	uq	op
as	ac	bo	pe
ac	ze	op	uq
ze	za	pe	bo

In the first box: en→en, uv→uv, is→is, de→de, pa→pa (arrows crossing connecting matching pairs)

Aspecto perceptivo visual

Rodea ⬭

D	M	A	N	Z	A	N	A	D
C	E	M	A	T	S	E	U	F
L	L	I	M	O	N	H	V	D
Z	O	L	V	P	E	R	A	J
E	N	N	A	R	A	N	J	A

UVA
PERA
MELON
LIMON
MANZANA
NARANJA

E	U	R	V	E	R	D	E	S
A	T	O	M	A	R	R	O	N
Z	I	S	A	M	A	O	L	R
U	N	A	R	A	N	J	A	O
L	N	A	M	A	R	O	N	A

ROJO
ROSA
AZUL
VERDE
MARRON
NARANJA

G	E	F	E	L	A	B	O	T
O	Z	A	P	A	T	O	G	R
R	A	L	A	Z	A	T	O	R
R	O	D	B	O	C	A	R	A
A	C	A	L	C	E	T	I	N

BOTA
LAZO
FALDA
GORRA
ZAPATO
CALCETIN

I. Aspecto perceptivo visual

Une las que empiezan igual ⟶   1ª

II. Habilidades fonológicas

Une los que terminan igual ⟶ 2ª

II. Habilidades fonológicas

Rodea el que empieza igual

3ª

II. Habilidades fonológicas

Rodea el que termina igual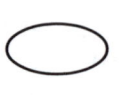

4ª

II. Habilidades fonológicas

Une los que empiezan igual ⟶   5ª

II. Habilidades fonológicas

Une las que terminen igual ⟶ 6ª

II. Habilidades fonológicas

Rodea ⬭

II. Habilidades fonológicas

Pon el número ① ②

II. Habilidades fonológicas

Pon el número ① ②　　　　　　　　　　9ª

II. Habilidades fonológicas

Une ⟶ 10ª

II. Habilidades fonológicas

Rodea ⬭ 11ª

II. Habilidades fonológicas

Escribe ✏️ 12ª

Rodea la terminación  13ª

castillo anillo cuchillo	- ico (- illo) - ello
cajón jarrón botón	- ún - án - ón
manzana campana ventana	- ena - ana - ona
chaqueta bicicleta cometa	- eto - eta - ata
papelera escalera cartera	- era - ara - ora

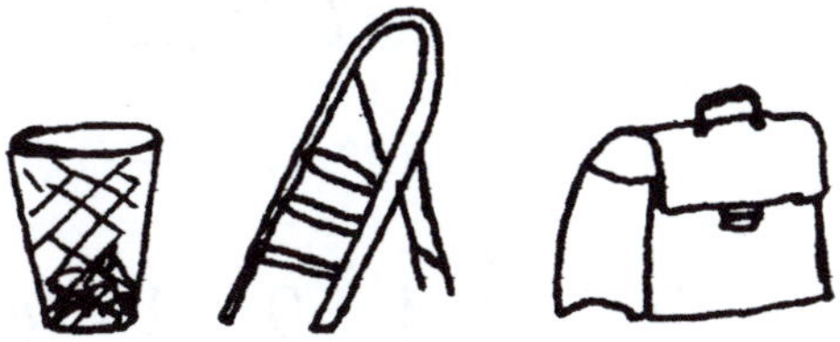

II. Habilidades fonológicas

Rodea el número de sílabas    14ª

 árbol 1 ② 3 4	 sol 1 2 3 4	 oso 1 2 3 4
 vaso 1 2 3 4	 bombilla 1 2 3 4	 pez 1 2 3 4
 televisión 1 2 3 4	 botella 1 2 3 4	 teléfono 1 2 3 4

II. Habilidades fonológicas

Tacha ✗ 15ª

II. Habilidades fonológicas

Completa  16ª

casa	bu	ca ☐ col
za-sa-ca	ro-or-rro	rra-la-ra
a ☐ lo	ji ☐ fa	pa ☐ lo
be-bue-güe	rra-la-ra	ñe-ñue-nue
mu ☐ co	☐ ma	má ☐ na
ne-ñie-ñe	rra-ra-tra	qui-ci-ti

Une ⟶ 17ª

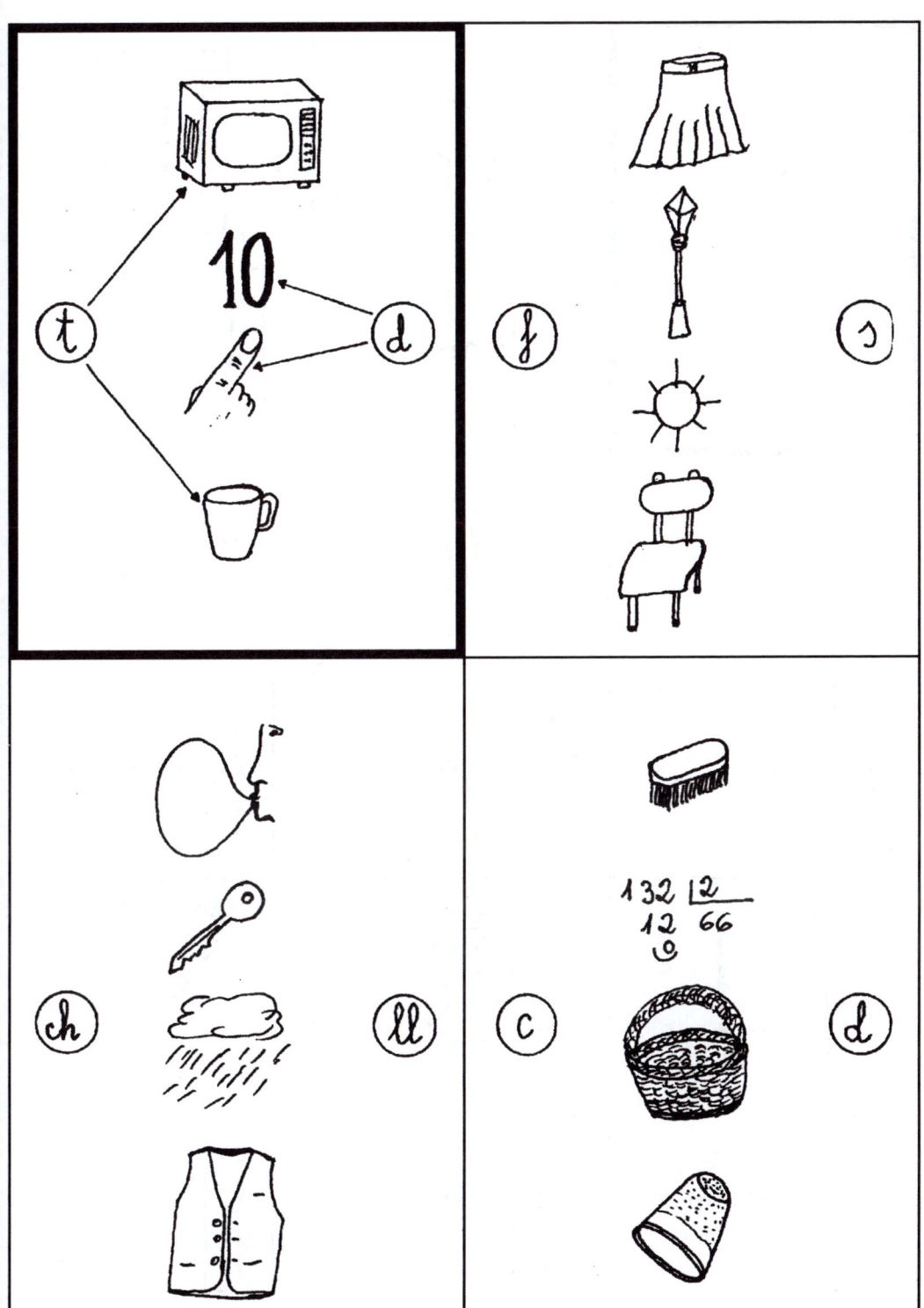

II. Habilidades fonológicas

Rodea ◯ 18ª

Rodea  19ª

 s f ⓒ	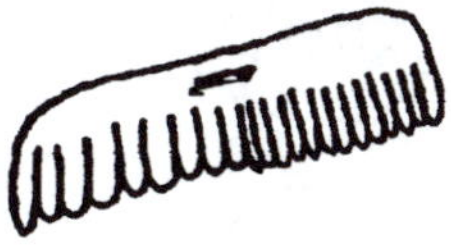 b p t	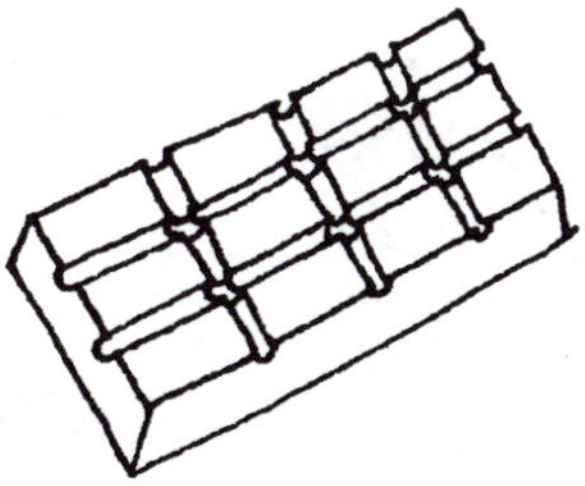 ch s ll
 ñ ll ch	m d n	 p b d
 t d p	 z f s	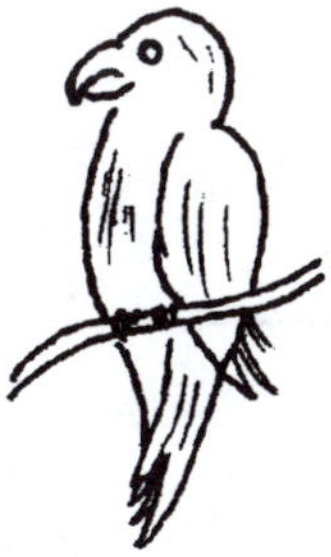 d l t

II. Habilidades fonológicas

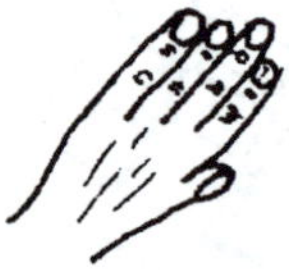

Escribe 20ª

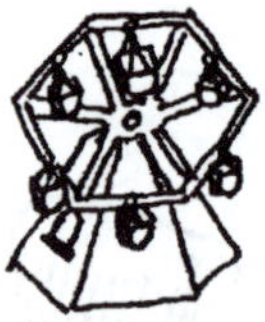

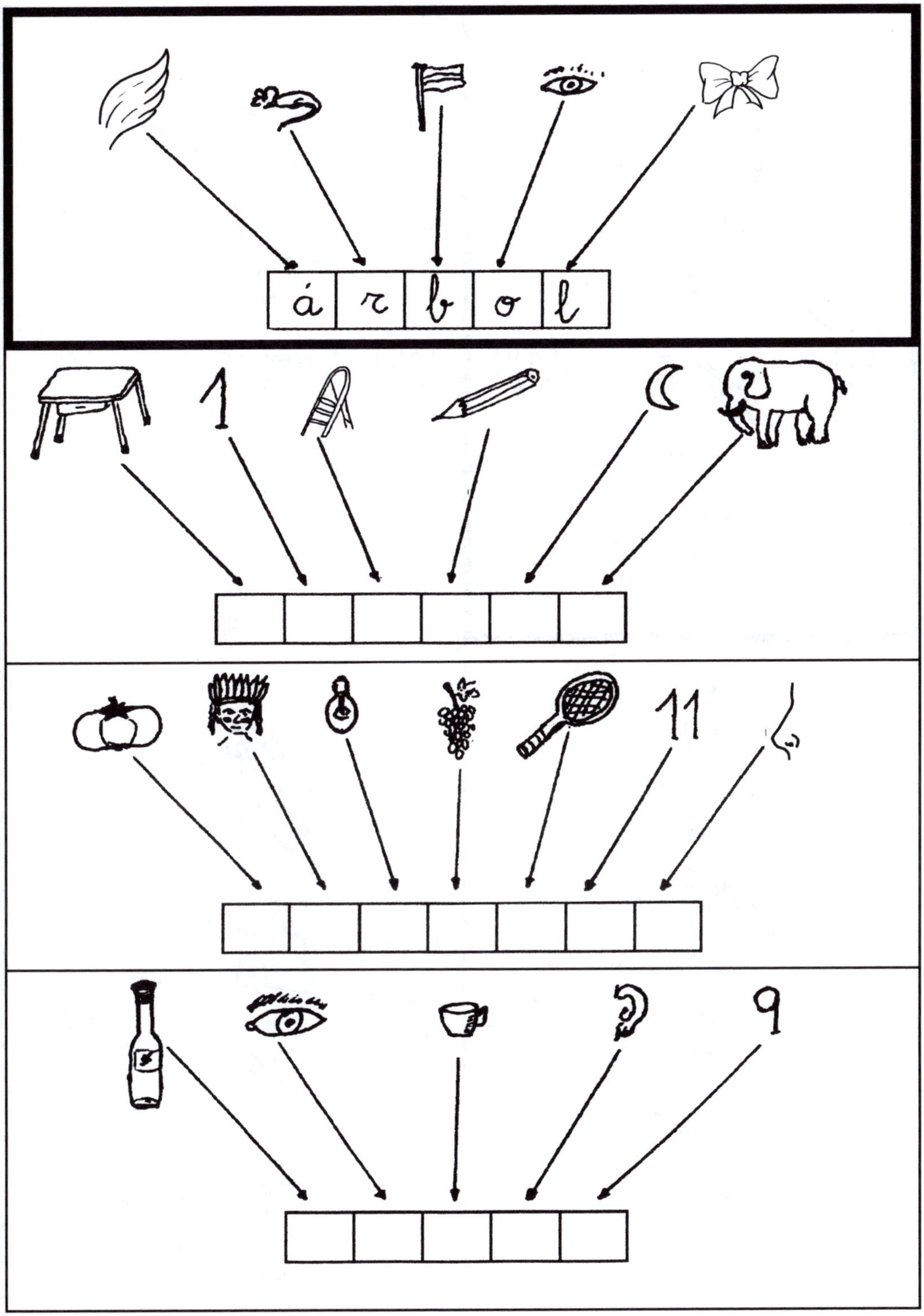

Escribe la primera letra 21ª

| á | r | b | o | l |

II. Habilidades fonológicas

Une ⟶

22ª

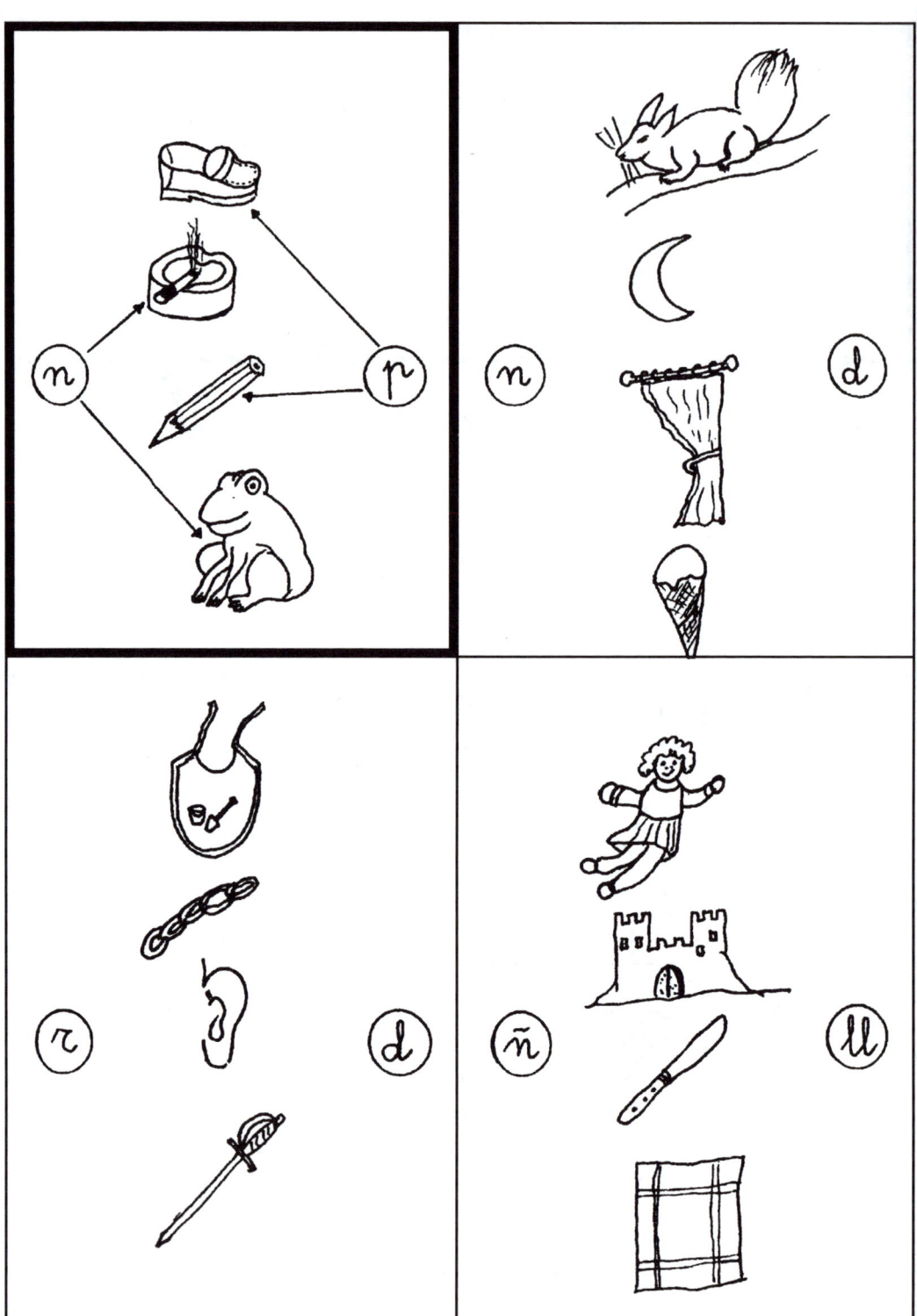

II. Habilidades fonológicas

Une ⟶ 23ª

II. Habilidades fonológicas

Une ⟶ 24ª

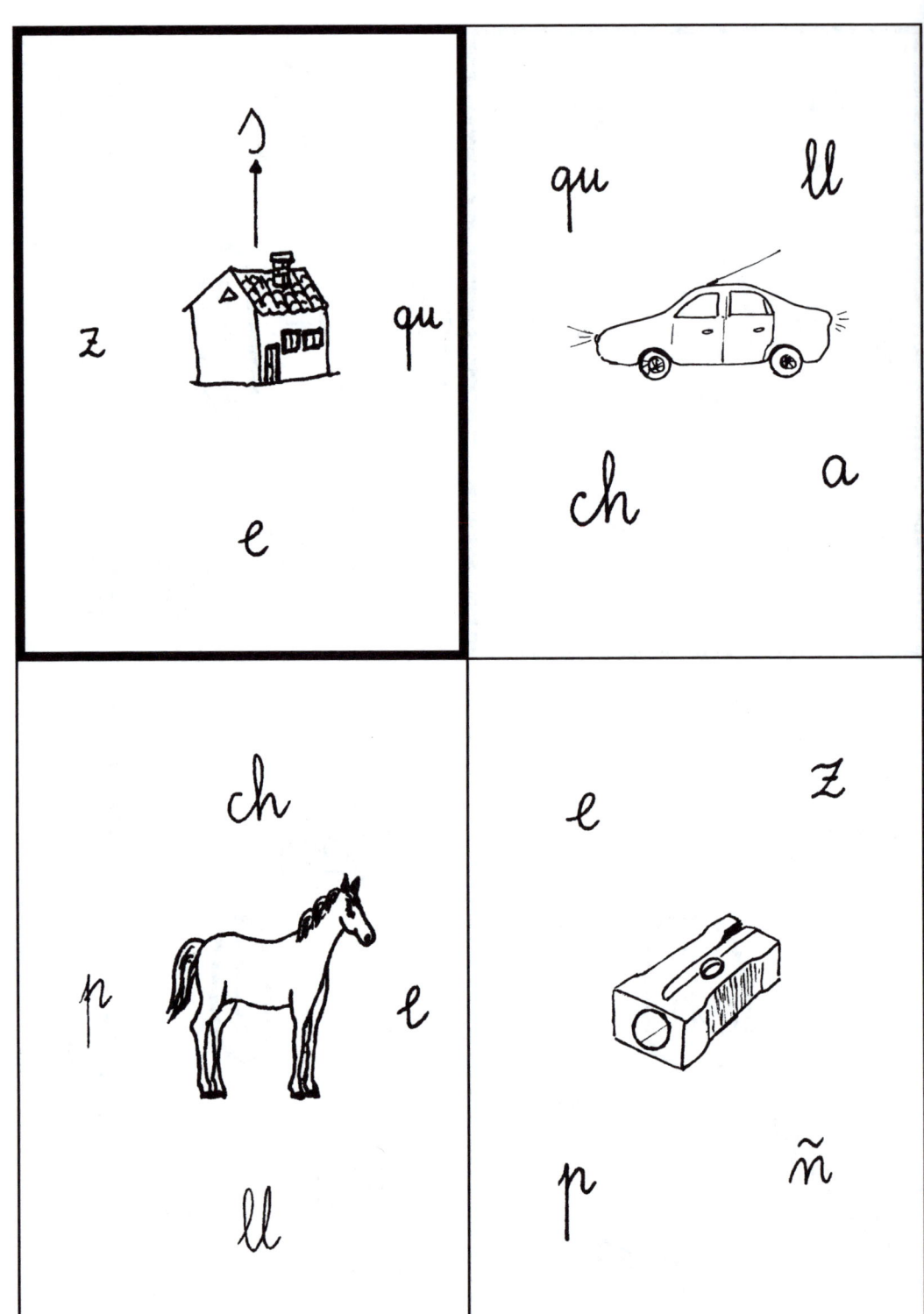

Une ⟶   25ª

II. Habilidades fonológicas

Rodea ⬭

26ª

56   II. Habilidades fonológicas

Rodea ◯

27ª

piña — ll (ñ) b	piano — n m d	escoba — d p b
palmera — d r t	reloj — l d ll	gallina — ch ll ñ
helado — t r d	estuche — d t r	chimenea — ll ch s

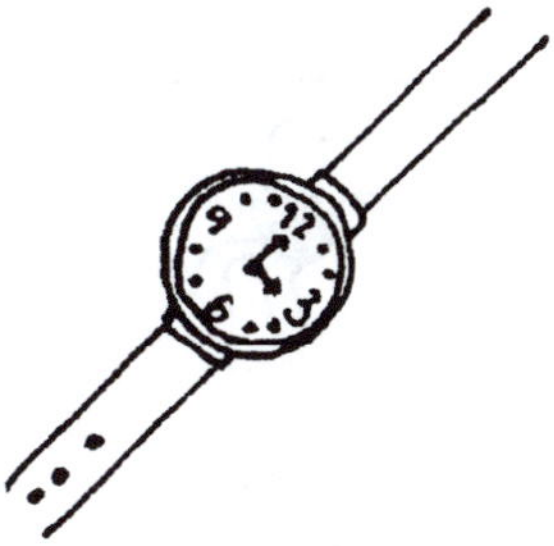

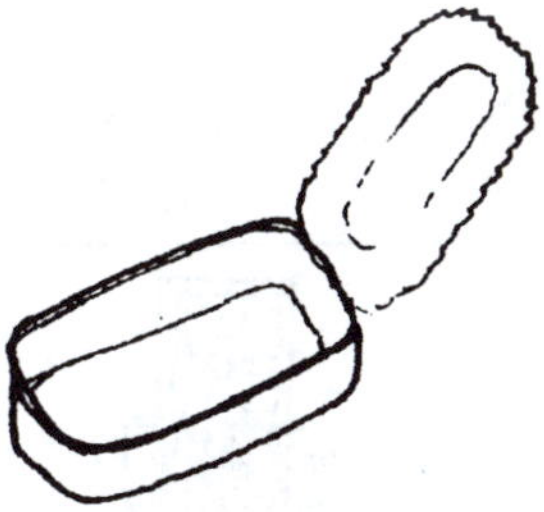

II. Habilidades fonológicas

Escribe

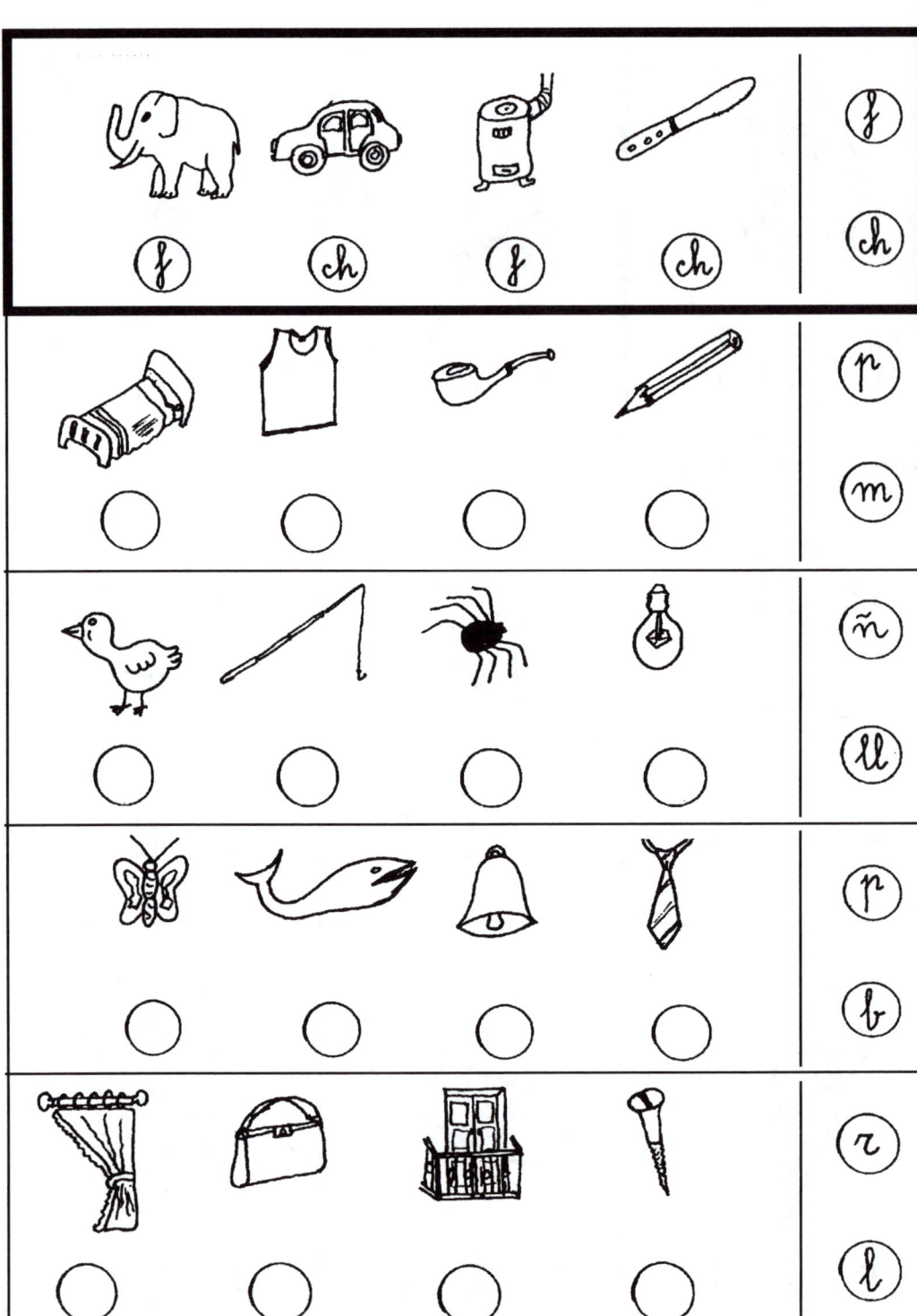

Pon el número ① ② 29ª

II. Habilidades fonológicas

Pon el número ① ②

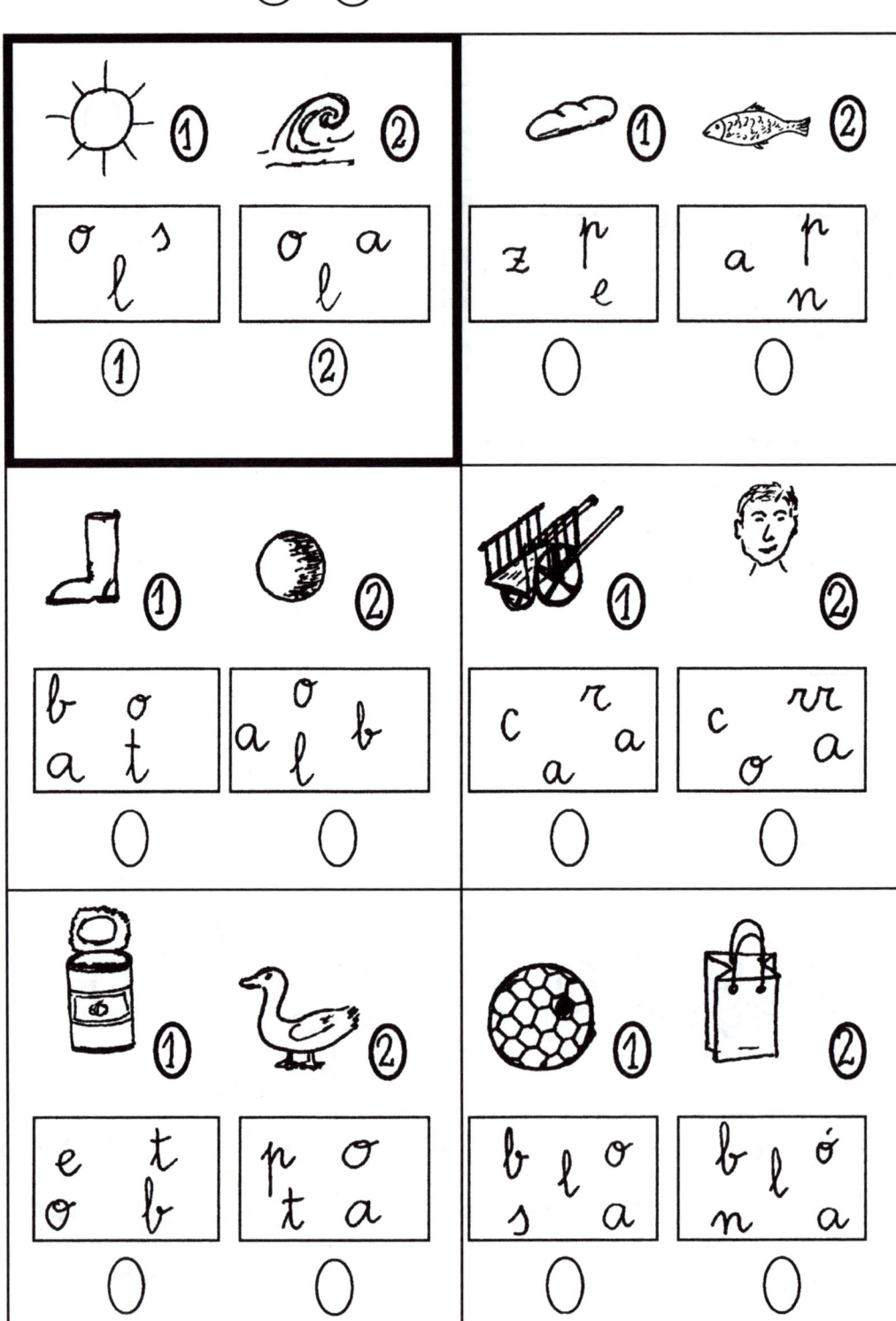

II. Habilidades fonológicas

Une ⟶ 31ª

II. Habilidades fonológicas

Tacha ✕

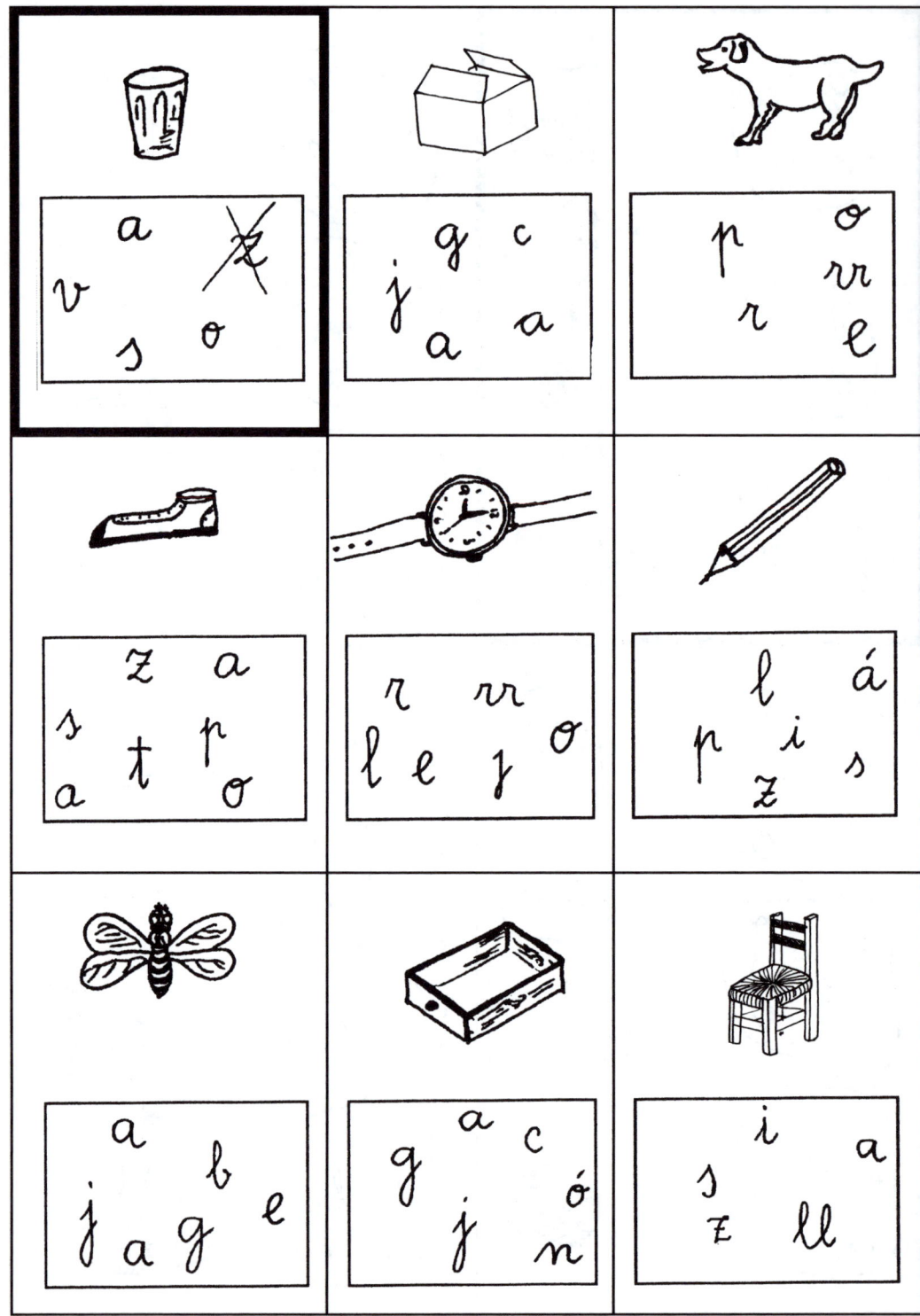

Completa  33ª

oso (oso) s - z - c	▢illa (silla) z - s - c	bo▢a (boca) t - z - c
ca▢a (cara) rr - r - l	▢osa (rosa) t - r - rr	ra▢a (raya) y - i - ch
va▢a (vaca) qu - c - g	bar▢a (barca) g - qu - c	▢opa (copa) g - c - p

II. Habilidades fonológicas

Escribe 34ª

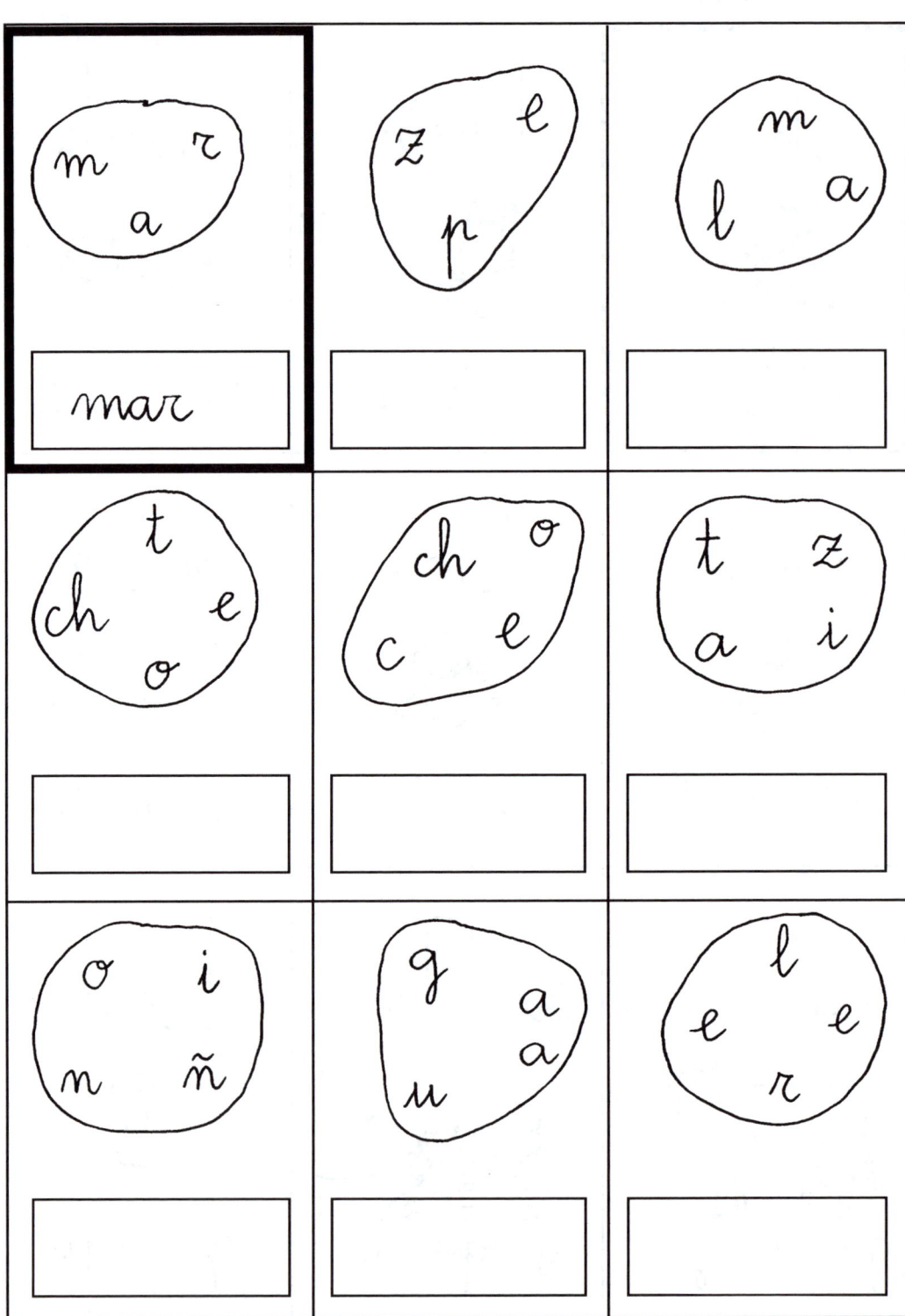

II. Habilidades fonológicas

Escribe 35ª

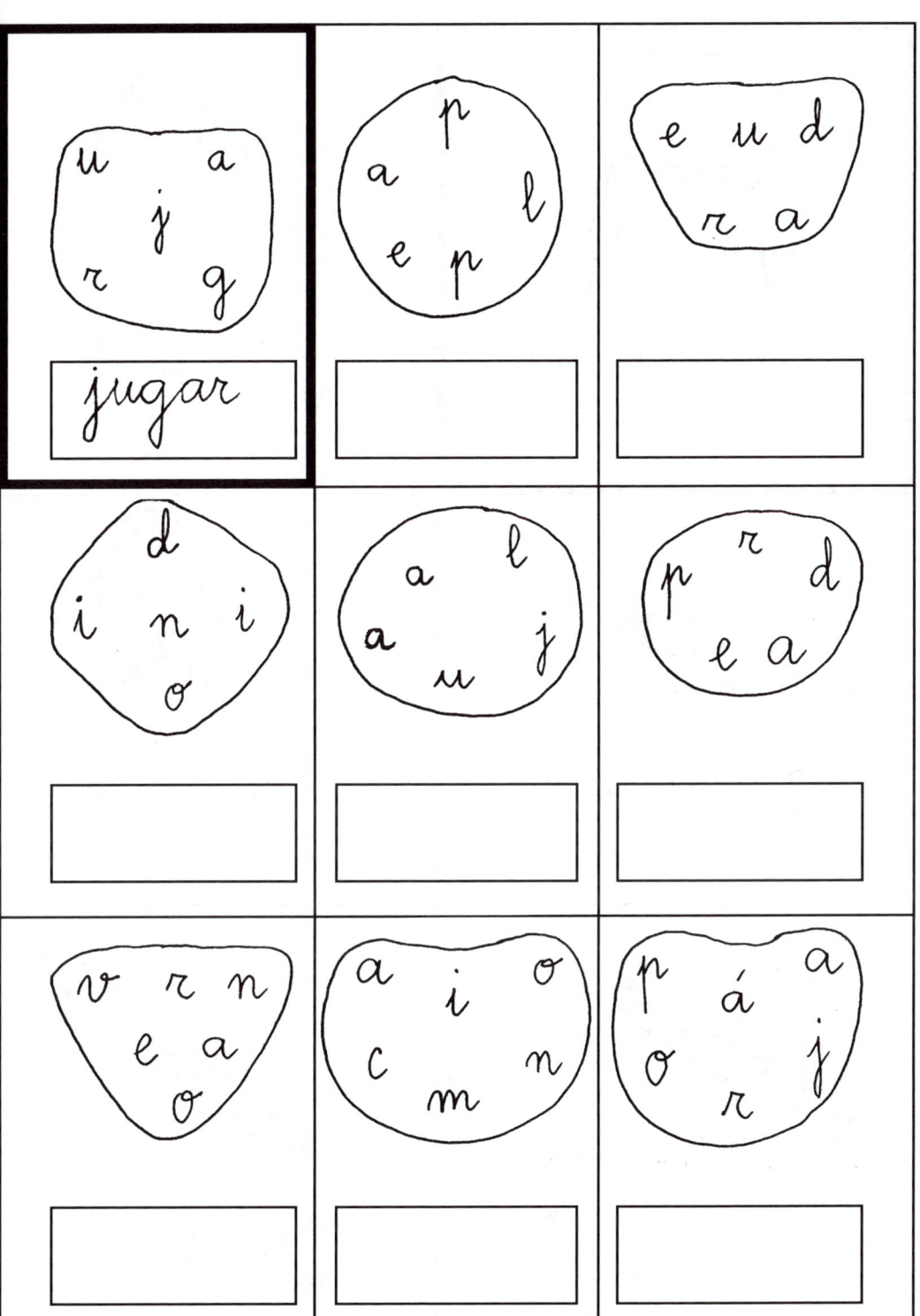

II. Habilidades fonológicas 65

Rodea el número de letras

3 (4) 5

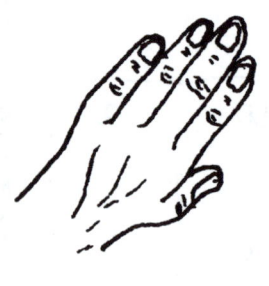

3 4 5

3 5 6

4 5 6

4 5 6

4 5 6

Rodea la letra que se repite    37ª

s ⓐ l o

l e s o

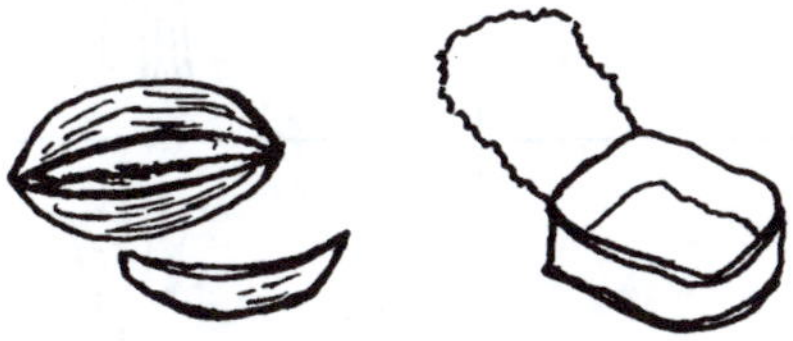

e a l m

e l o p

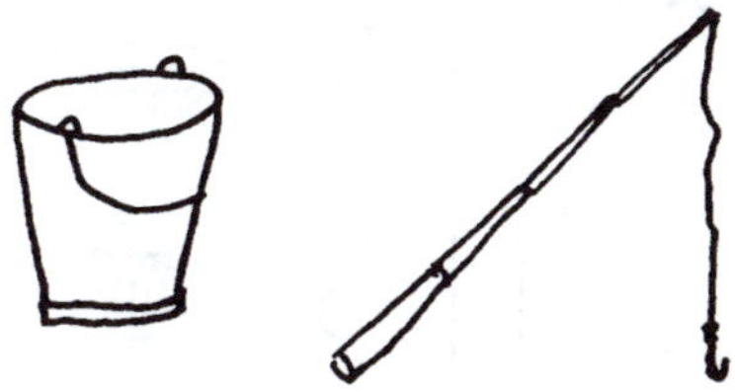

o c a ñ

II. Habilidades fonológicas

Pon el número ☐1 ☐2 ☐3   38ª

Mi amigo Ramón juega con el ☐1	1 (pelota) 2 (raqueta) 3 (coche)
La niña Mariquilla se sienta en una ☐	1 (cama) 2 (silla) 3 (taburete)
Una terrible serpiente se columpia bajo el ☐	1 (árbol) 2 (balcón) 3 (puente)
Estaba el señor don pato bebiendo agua en un ☐	1 (jabón) 2 (plato) 3 (vaso)

II. Habilidades fonológicas

Une ⟶   1ª

III. Aspectos morfosintácticos

Une ⟶ 2ª

el los → elefantes	el la corazón
los las horquillas	la los policía

un
  dibujo
una
	unos
	  anillos
	unas

una
  estufas
unas
	una
	  rebeca
	unos

III. Aspectos morfosintácticos

Une ⟶   3ª

la — amigo / →amiga	el gato / gata
las porteros / porteras	los muñecos / muñecas
un hermano / hermana	unos abuelas / abuelos
unas conejas / conejos	una hijo / hija

III. Aspectos morfosintácticos

Une ⟶

aquel	cabeza dinero hora	los	gallina balones chicas
una	orejas juego falda	esas	foto naranjas bolsillos
este	casas jarrón bolsa	la	farolas vestido percha
unos	burro curso patos	estas	sitio lluvia cajas

Une ⟶   5ª

aquel / estos / aquella → mamá	aquellos / las / aquella paseos
aquellos / una / aquellas comidas	aquellos / esa / aquel deporte
un / la / esos jardín	aquella / esa / estos policías
las / una / este huevo	aquel / las / unos monas

III. Aspectos morfosintácticos

Une ⟶   6ª

La gente	corrían corre corres	Los pájaros	volamos volaba vuelan
Las tortugas	escapa escapará escapaban	El pez	nadas nadan nadó
El médico	escuchas escuchó escuchabas	El cuchillo	cortas cortamos corta
Las personas	esperan espera esperas	Papá	andabas anduvo andaré

III. Aspectos morfosintácticos

Une ⟶   7ª

Mi amiga El gato → juegan Los perros ↗	El animal Los conejos salía Los caballos
Tu mamá Los pájaros vuelan El monte	Mis hermanos Tu abuelo vivían El agua
Las mujeres Tu familia viaja Sus hijos	Los niños Los chinos lavaba Mamá
Mi tortuga El ratón han saltado Los lobos	Esos chicos El burro bailarán La gallina

III. Aspectos morfosintácticos

Une ⟶

El	buscas buscamos **busca**	Yo	esperas espero espera
Aquellos	pescaban pesca pescará	Ellas	recojo recogen recogías
Tú	comerán has comido comemos	Algunos	ganó ganas ganáis
Esa	respira respiran respiras	Alguna	lavamos lavas lavaba

Une ⟶   9ª

Yo / Tú / Ella → huele	Ella / Esta / Ellas pedían
Aquel / Algunos / Ellos escuchamos	El / Ella / Ellos nadaban
Yo / El / Tú juegas	Muchos / Ellas / El pesca
Esos / Estos / Aquella escapará	Nadie / Algunos / Alguna pintarán

III. Aspectos morfosintácticos

Une ⟶

botón	tonta / nuevo / feliz	balcón	seca / locos / viejo
bufanda	contento / larga / gordos	bar	ricos / limpio / bella
paseo	largos / lista / hermoso	arena	distinta / puro / rubios
galleta	dulce / cariñoso / maravilloso	mano	tonto / santo / sucia

Une ⟶   11ª

foto → bonita aceras payaso	pinturas cueva secas nidos
comida peseta largo espejo	edificio cazadores pequeño campana
época carro feo taza	corazones leopardo malo tabla
amapola caza altos olivos	caras mujer guapa fuego

III. Aspectos morfosintácticos

Une ⟶

Ella baila bien.

Los euros son míos

Suben por las escaleras

14ª

		La rana
La rana	respira.	La madera
lee	Mi amigo.	campo
		un cuento
en verano		salta
el río.	Este caballo	saltan
El abuelo	en la mano.	una maleta
	lleva	mañana
para sus amigos.	cuenta	Yo
los caramelos		El

III. Aspectos morfosintácticos

Completa    15ª

La casa está junto ⟦a⟧ los árboles.
a - de - con - sin

La pelota está ⟦ ⟧ de la silla.
al lado - cerca - encima - debajo

La niña está ⟦ ⟧ del árbol.
delante - al lado - alrededor - en

El jarrón está ⟦ ⟧ de la mesa.
encima - a - hasta - con

Tacha ✕ 16ª

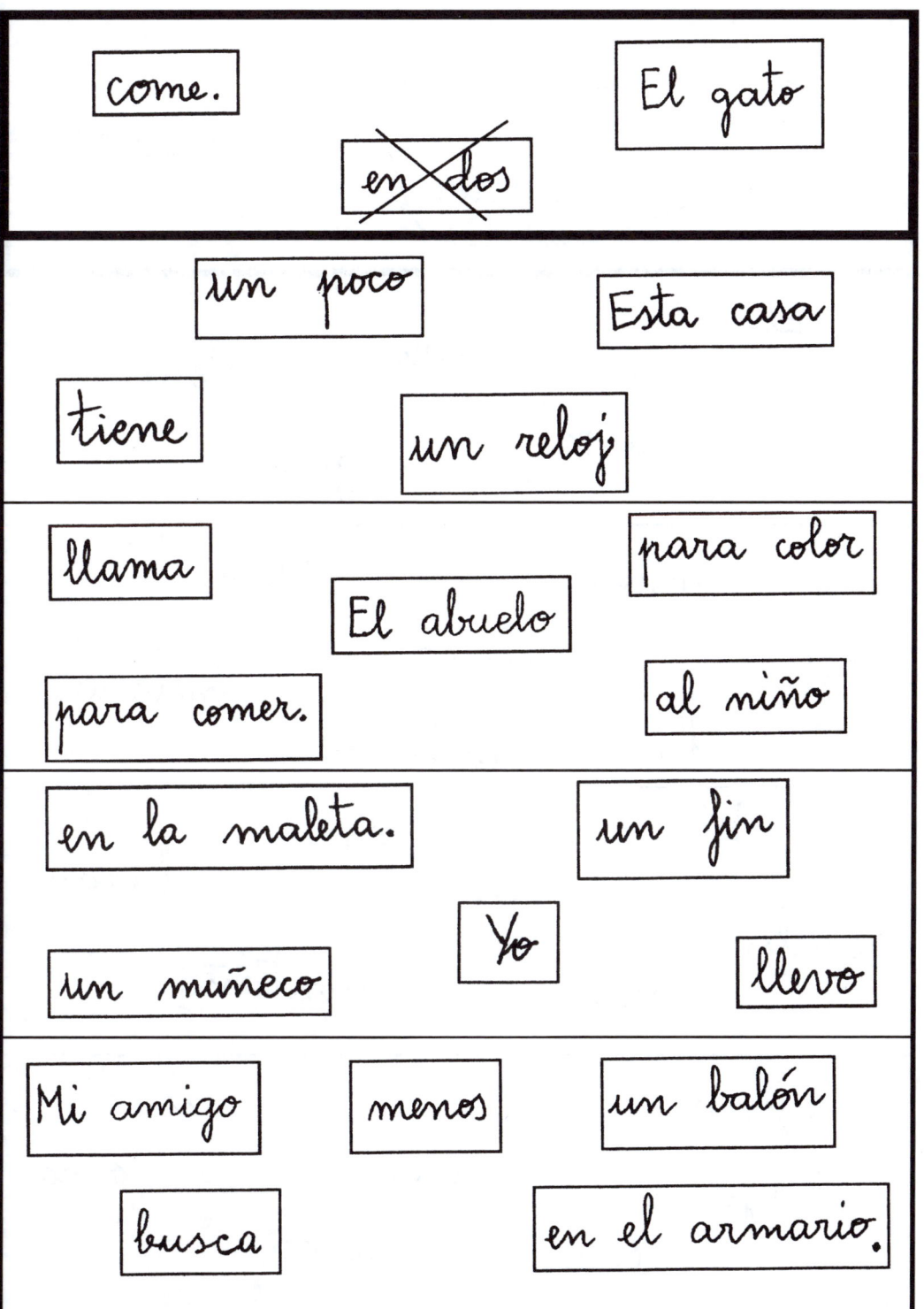

III. Aspectos morfosintácticos

Rodea ⬭

El pastor duerme.

El dinero vaso tiene agua. nariz

Este chico comer lleva la camisa nueva.

El águila en la vive montaña. largo

Angel desayunar. come una para el pera

Completa

La [comida] está sosa.
comida - comidas - comido

[ ] cesta cayó al mar.
Las - La - Unas

El jardín tiene rosas [ ].
bonitos - bonitas - bonita

[ ] tienes poco dinero.
El - Yo - Tú

El joven [ ] matemáticas.
enseñan - enseñas - enseña

Tacha ✗

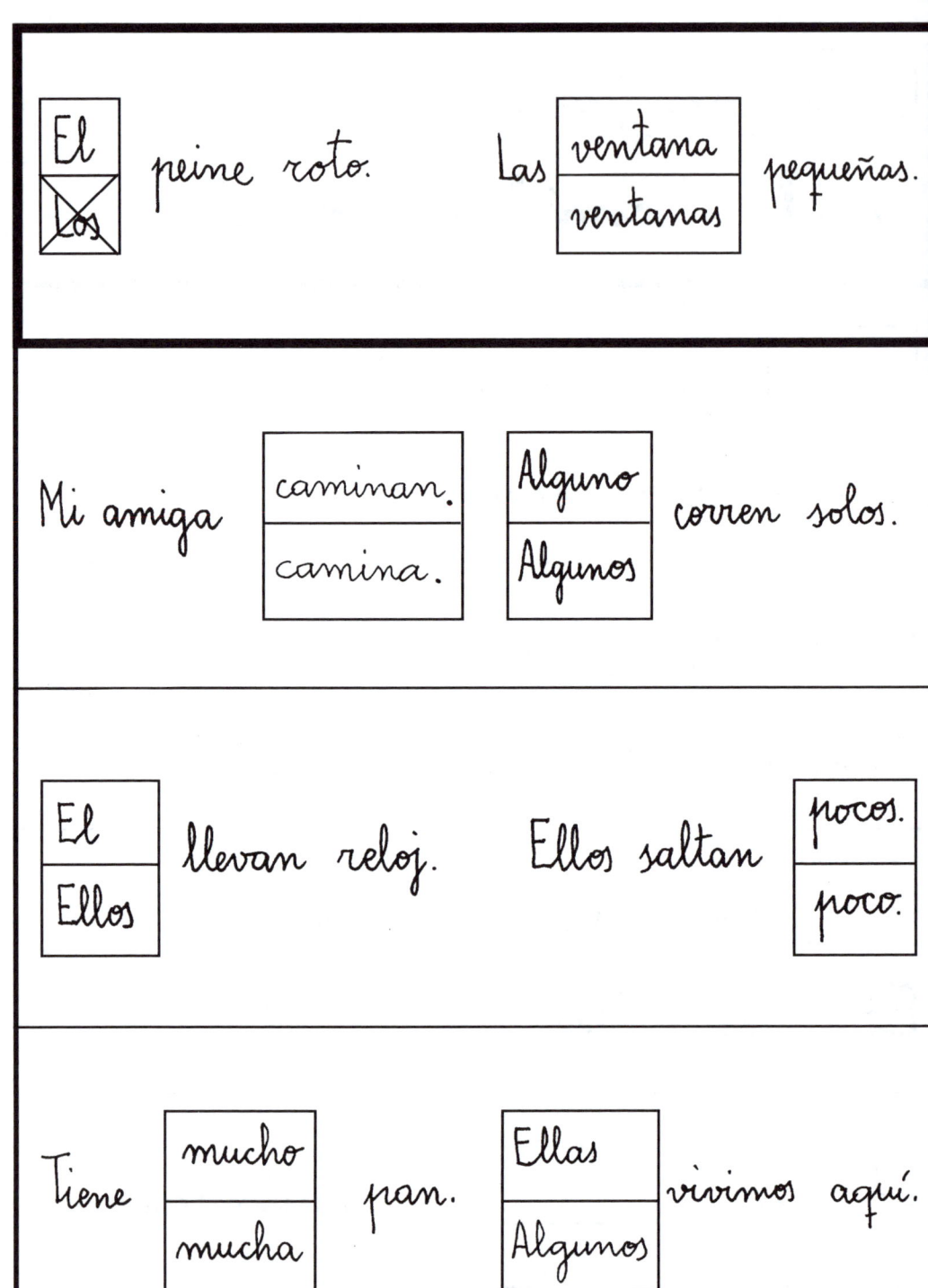

Señala ⊗   20ª

- ○ Tú dibuja con el boli.
- ⊗ Yo dibujo con el boli.
- ○ El dibujan con el boli.

- ○ Esos zapatos me gustan.
- ○ Esos zapatos me gusta.
- ○ Esos zapatos me gustamos.

- ○ La gente viene sin mi colegio.
- ○ La gente viene al mi colegio.
- ○ La gente viene a mi colegio.

- ○ Este niño nació esta semana.
- ○ Este niño nació este semana.
- ○ Este niño nació estas semana.

Une ⟶

El último domingo ⟶	comeré.
El mismo día fui a	

Hace un rato que	vine.
Ahora	

Ayer	jugando.
Estuve	

Jugué contigo y	me bañaré.
Mañana jugaré y	

Subo y luego	salgo.
Mi hermano David	

Tacha ✗

El reloj ~~mi~~ está roto.

El lápiz es para en mí.

Tu canario canta por el la mañana.

Carmen viene mañana desde.

Alguno pasó con por aquí.

Papá come y en la cocina.

Mi mamá se de peina.

El regalo es para papá en.

El cuchillo sirve en para cortar.

La oveja domingo come hojas.

Tacha ✗

sopa La ~~ruido~~ fría. está	
Mi muchas tiene peseta jardín piedras.	
bastón. tiene un hacia Tu abuelo	
Mi lleva camisa hijo una roja. número	
encontró Mi una hermano amapola. desde	

Completa ✏️ 24ª

La niña [juega] en su [casa].

casa   juega

Mamá tiene un [ ] muy [ ].

coche   bonito

Ese [ ] es muy [ ].

árbol   alto

Mi amigo [ ] un [ ].

lee   cuento

Manuel se [ ] al [ ].

suelo   cayó

II. Aspectos morfosintácticos

Escribe

| vuela. | La abeja |

La abeja vuela.

| pela | Luisa | una manzana. |

_____

_____

| El perro | un hueso | ha comido | en la calle. |

_____

_____

| tiene | en el campo. | Juana | una casa |

_____

_____

| Ellos | una casa | hacen | para veranear. |

_____

_____

Pon el número ① ② ③

III. Aspectos morfosintácticos

Une ⟶

Escribe 28ª

Ese tiene árbol naranjas.
Ese árbol tiene naranjas.

El estaba conejo vivo.

Javier bueno en la es escuela.

El tiene carro rueda una rota.

Mi una camisa amigo lleva nueva.

III. Aspectos morfosintácticos

Une ⟶ 29ᵃ

- El llora mucho. → El niño llora mucho.

- El abuelo un lleva bastón.

- rojo. tiene jarrón tulipán un El

- cine por al fueron noche la Ellos

- Algunas el en niñas fueron autobús.

Escribe 🖉   30ª

escapa. El se león

El león se escapa.

el árbol. El elefante rompe

_____

_____

Tú bebes en zumo vaso.

_____

_____

su casa. Luisa estudia en

_____

_____

Este tiene rosal rosas. demasiadas

_____

_____

III. Aspectos morfosintácticos

Pon el número ① ② ③　　　　　　　　　　31ª

Este es anillo mío.
① ③ ② ④

Tú de bebes zumo naranja.
○ ○ ○ ○ ○

El salta en el conejo monte.
○ ○ ○○ ○ ○

Ellos rotuladores en la tenían escuela.
○ ○ ○○ ○ ○

La es un mosca animal pequeño.
○ ○ ○ ○ ○ ○

Rodea ⬯   1ª

1- cohete
2- avioneta
③- helicóptero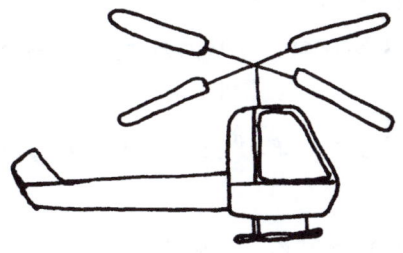

1- ganso
2- pato
3- cisne

1- ajo
2- puerro
3- cebolla

1- bombilla
2- vela
3- linterna

1- cartera
2- bolso
3- bolsa

IV. Aspecto semántico

Une ⟶

Sirve para viajar.
En ella vivimos.
Tiene pisos.

Vive en el agua.
Se sube al árbol.
Caza ratones.

Tiene agua.
Tiene fideos.
Tiene arroz con leche.

Sirve para comer.
La tira el indio.
Es una espada.

Une ⟶   3ª

La señora lleva un bolso.
Julio sube las escaleras.
El teléfono está en la mesa.

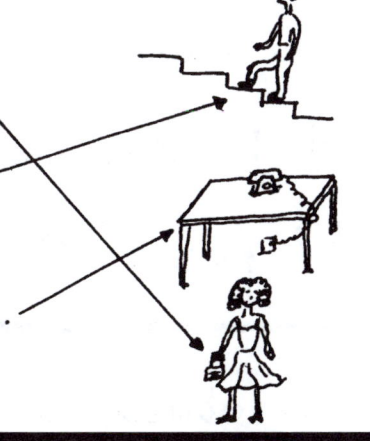

El coche es de mi papá.
La cometa vuela.
Esa bici es mía.

La camisa tiene botones.
Mamá lleva una falda.
Mamá lleva pantalones.

Une ⟶   4ª

- La mesa tiene — cinco patas.
- Mi familia hace — una película.
- El perro bebe — agua.

- El abuelo coge — una silla roja.
- Mis amigos salen — al campo.
- Ellos jugaron — al baloncesto.

- María decía — una mesa nueva.
- Los coches podían — correr mucho.
- Algunos queremos — la hora.

- Las mujeres vivían — en la ciudad.
- Yo llego — esta tarde a la ciudad.
- El caballo corre — hacia el bosque.

IV. Aspecto semántico

Une ⟶   5ª

Dibujo con el lapicero en una	• pizarra. • **hoja.**
Mi amigo coge un	• pájaro. • río.
Al caerse se rompió el	• pelo. • dedo.
El ratón comió un pedazo de	• agua. • queso.
Hacer deporte es jugar con el	• balón. • cajón.
Metió una carta en un buzón de	• papelera. • madera.
Juani tiró una enorme	• pelota. • isla.
Luisa subió por las	• escaleras. • pesetas.

IV. Aspecto semántico

Pon el número ① ② ③   6ª

En ella vive la gente. ②   1- río
                                    2- casa
Donde los niños van a pescar. ①   3- colegio
                                    4- coche

Animal que pone huevos. ○   1- agua
                                    2- gallina
Para meter los lápices. ○   3- color
                                    4- estuche

Le saca punta al lápiz. ○   1- mañana
                                    2- maleta
Se llevan si molesta el sol. ○   3- gafas
                                    4- sacapuntas

Para sentarse cómodamente. ○   1- mesa
                                    2- sillón
Se usa para jugar. ○   3- mundo
                                    4- muñeca

IV. Aspecto semántico

Une ⟶

IV. Aspecto semántico

Pon el número ① ② ③   8ª

③ Empecé a dibujar.
② Cogí un lápiz.
① Me senté en una silla.

○ Se lo comió.
○ El perro se metió en la casa.
○ Se llevó un pollo.

○ La niña se levantó de la cama.
○ La niña desayunó.
○ La niña se lavó las manos.

○ Mi amigo se cayó.
○ Mi amigo estaba jugando.
○ Mi amigo se hizo una herida.

IV. Aspecto semántico

Completa

Cierro el [armario] con la llave.
pared - bolsillo - armario

Para saber la hora miro [   ].
la ventana - el reloj - mi mano

El bosque tiene [   ] y animales.
árboles - leones - tomates

Papá fue al hospital para [   ].
gatos - patatas - curarse

Tomé la sopa con [   ].
el tenedor - la cuchara - el cuchillo

Pon el número ① ② ③   10ª a

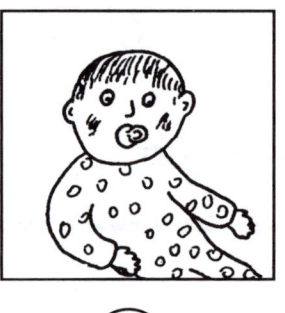  

③　　　　　②　　　　　①

1.- El señor se llama Mario.
2.- El niño se llama Antonio.
3.- El bebé se llama Juanito.

◯　　　　　◯　　　　　◯

1.- Los niños pescan peces.
2.- Los niños salen a pescar.
3.- Los niños se comen los pescados.

IV. Aspecto semántico

1.- Voy al colegio despacio.
2.- Estoy desayunando un vaso de leche.
3.- Me levanto al ver la luz.

1.- Luisa sube a la montaña.
2.- Luisa baja muy cansada.
3.- Desde lo alto ve el mar.

IV. Aspecto semántico

Rodea ⬭

1.- Un lápiz y un vaso.
2.- Dos lápices y dos vasos.
3.- Dos vasos y dos lápices.
(4.-) Dos vasos y un lápiz.

1.- El caballo va delante del coche.
2.- El coche va el segundo.
3.- El caballo va el segundo.
4.- El perro y el coche van delante.

1.- Una botella y una mesa.
2.- Dos botellas y dos mesas.
3.- Dos botellas y una mesa.
4.- Dos botellas y las mesas.

1.- Un bolso, una maleta y una bolsa.
2.- Dos bolsos, una maleta y dos bolsas.
3.- Un bolso, dos maletas y dos bolsas.
4.- Un bolso, una maleta y dos bolsas.

Señala las frases correctas

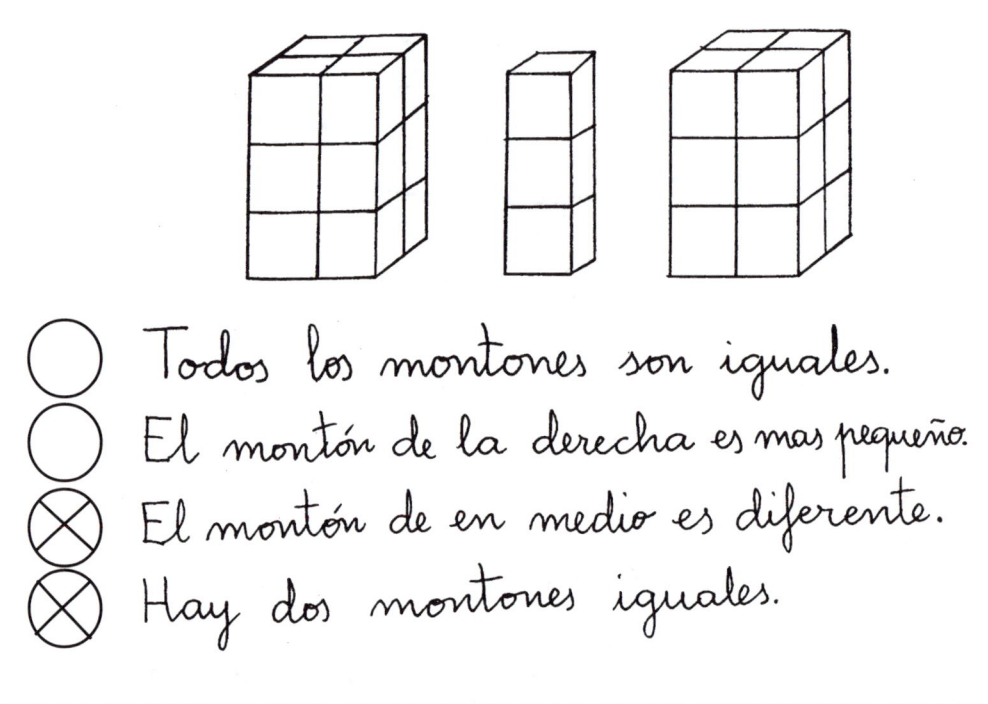

○ Todos los montones son iguales.
○ El montón de la derecha es mas pequeño.
⊗ El montón de en medio es diferente.
⊗ Hay dos montones iguales.

○ Todos los vasos están llenos.
○ El vaso de en medio está lleno.
○ El vaso de la derecha está casi vacío.
○ El vaso de la derecha está casi lleno.

○ Dos niños están enfadados.
○ Dos niños están contentos.
○ El niño de en medio está contento.
○ El niño de en medio está enfadado.

○ El árbol esta a la derecha de la casa.
○ La casa está a la derecha del árbol.
○ La casa tiene dos ventanas y chimenea.
○ La casa tiene chimenea y una ventana.

Escribe

El domingo, Lucas fue con su familia a un pinar. Cogieron setas. Llenaron una cesta y media. Llegaron a casa, las limpiaron y se las comieron asadas.

¿Qué día fueron al pinar? El domingo

¿Dónde metían las setas? En una cesta

¿Cómo guisaron las setas? Asadas

Mi hija María tenía ocho años, fue con sus amigas a ver una carrera de caballos. Le gustó un caballo marrón. En el segundo salto el caballo cayó al suelo.

¿Qué edad tenía María?

¿Qué animales corrían?

¿En qué salto cayó el caballo?

En Agosto es la feria de mi barrio. El año pasado pusieron un circo, coches de choque y una noria muy alta. Yo me subí en la noria y me mareé.

¿En qué mes es la feria? ....

....

¿Dónde pusieron el circo? ....

....

¿Por qué me mareé? ....

....

Jaime es mecánico. El lunes llevaron a su taller una moto de color rojo. Le faltaba una rueda. Jaime le puso la rueda y me llevó en la moto hasta el río.

¿Jaime era el dueño del taller? ....

....

¿Qué le faltaba a la moto? ....

....

¿Hasta dónde me llevó con la moto? ....

....

Rodea ◯

El burro tenía mucha sed. Llegó a un río. Más tarde se acostó con la barriga llena.

1- El burro llegó al río y no bebió.
②- El burro bebió mucha agua.
3- El burro bebió poco.

Antonio tenía cinco duros. Su vecino le dio un duro y su tía dos duros.

1- Antonio tiene ahora menos dinero.
2- Antonio tiene ahora el mismo dinero.
3- Antonio tiene ahora más dinero.

Llovía mucho y eché a correr. Al cabo de mucho rato vi una cueva y me metí en ella.

1- Estaba mojado.
2- No me mojé.
3- Hacía mucho sol.

Mario estaba solo. Al poco rato llegó Luisa. Echaron una carrera hasta un árbol. Mario llegó el último.

1- Luisa corrió más que Mario.
2- Mario corrió más que Luisa.
3- Luisa corrió menos que Mario.

IV. Aspecto semántico

Señala la frase que sobra

- Ayer me levanté tarde.
- Estaba medio dormido.
- ⊗ La gallina puso un huevo.
- Me lavé con mucha agua.

- Llegamos a la taquilla.
- Repartimos los billetes.
- Nos subimos al vagón.
- El coche va por la carretera.

- El árbol tiene muchas ramas.
- La casa está echando humo.
- Llaman a los bomberos.
- Los bomberos apagan el fuego.

- Mi piso tiene muchas habitaciones.
- El comedor es enorme.
- El perro no tiene pulgas.
- La terraza tiene muchas macetas.